"一带一路"丛书
郑 和 系 列

西洋番国志

（明）巩　珍著　向　达校注

南京市地方志编纂委员会办公室　编

南京出版传媒集团
南京出版社

图书在版编目（CIP）数据

西洋番国志 /（明）巩珍著；向达校注 . -- 南京：
南京出版社，2019.9

ISBN 978-7-5533-2598-9

Ⅰ.①西… Ⅱ.①巩…②向… Ⅲ.①郑和下西洋—
史料 Ⅳ.① K248.105

中国版本图书馆 CIP 数据核字（2019）第 121356 号

丛 书 名	"一带一路"丛书
书　　名	西洋番国志
作　　者	（明）巩珍
校　　注	向　达
出版发行	南京出版传媒集团
	南 京 出 版 社

社址：南京市太平门街53号　　　　邮编：210016

网址：http://www.njcbs.cn　　　　电子信箱：njcbs1988@163.com

联系电话：025-83283893、83283864（营销）　025-83112257（编务）

出 版 人	项晓宁
出 品 人	卢海鸣
责任编辑	张　龙　汪　枫
装帧设计	王　俊
责任印制	杨福彬

制　　版	南京新华丰制版有限公司
印　　刷	南京工大印务有限公司
开　　本	787毫米×1092毫米　　1/16
印　　张	5.25
字　　数	70千
版　　次	2019年9月第1版
印　　次	2023年10月第3次印刷
书　　号	ISBN 978-7-5533-2598-9
定　　价	24.00元

用微信或京东
APP扫码购书

用淘宝APP
扫码购书

编者的话

600 多年前，从永乐三年（1405 年）至宣德八年（1433 年）的 28 年间，郑和率领庞大船队七下西洋，以过人的胆识和非凡的智慧，历经千难万险，行程 30 余万公里，远至红海和非洲东海岸，遍访 30 多个国家和地区，巩固了海上丝绸之路，传播了友谊的种子，促进了经济贸易交流，增进了国与国之间的友好交往，为世界文明进步做出了巨大贡献。

郑和七下西洋，密切了中国与海外诸国的友好交往，增进了中国人民和亚非人民的友谊。据不完全统计，在郑和下西洋期间，与郑和下西洋有关的亚非国家使节来华共 318 次，平均每年 15 次。郑和忠实地执行"以德睦邻""厚往薄来"的"宣德化而柔远人"的外交政策，致力弘扬中华礼教和儒家思想、历法、农业技术、手工艺、建筑雕刻技术、医术、航海造船技术等，肩负起"宣教化于海外诸番国，导以礼义，变其夷习""与天下共享太平之福"的重任，把中华古代文明的种子播撒在了风情万种的异域。

当时的明朝正处于"永乐盛世"，国家一统，社会安定，经济繁荣，国力强大，为郑和下西洋奠定了雄厚的物质技术基础。承接宋元以来的科技发展和社会进步，明朝的造船技术和航海技术涉及结构力学、流体力学、磁力学、工程学、数学、天文学、地理学、地质学、海洋学、气象学、生物学、医学等多门学科，领先于全球。当年这支庞大的木船编队，能够在洪涛接天、巨浪如山的大海上，"云帆高张，昼夜星驰"，不能不说是航海史上的奇迹，他们运用中国人自己发明的指南针，通过星辰定位，精确引航；他们采用昼行认旗、夜行认灯等方式，实现船舶间的联络、调度；他们绘制出标有530多个城市、岛屿、航海标志、滩、礁、山脉和航路名称的《郑和航海图》，准确、形象、丰富、完整，是世界上现存最早的航海图。

郑和七下西洋的壮举在当时和后世都留下了丰富的历史资料。南京是明代两京之一，龙江船厂是当时世界上规模最大、技术最先进的官办造船厂，是郑和船队船舶的主要来源之一，李昭祥的《龙江船厂志》、沈棨的《南船纪》从不同的视角展现明初南京造船业的盛况；由郑和随行人员马欢、费信、巩珍分别撰写的《瀛涯胜览》《星槎胜览》和《西洋番国志》，对下西洋所到国家和地区的历史沿革、重要都会、地理形势、宗教信仰、风俗习惯、物产气候等都做了详细的描述，使中国人对东南亚、北印度洋沿岸、阿拉伯海、红海乃至非洲东海岸一带的广大地区有了更多的了解和认识；由茅元仪《武备志》收入的《郑和航海图》，采用了中国传统的绘图法，把沿途经过的山川河流、岛屿浅滩、码头港口、城镇庙宇等，一一形象地标明在纸上，从南京到东南亚沿海、北印度洋沿岸，最远到非洲东海岸，分别标出了航向、航程等，是一部出色的航海手册；100多年后的万历年间，罗懋登将郑和七次奉使西洋的史实敷衍描绘成神魔小说，希望借此激励明代君臣勇于抗击倭寇，重振国威。

南京是郑和下西洋的策源地和出发地之一，留下了众多的历史遗迹和珍贵史料。南京市地方志编纂委员会办公室和南京出版传媒集团·南京出版社商议决定，延请名家重新修订相关资料并结集出版，希望让有关郑和下西洋的珍贵史料流传更远、更久、更广。

导 读

　　西洋者，明代泛指印尼以西的东南亚和印度洋沿岸地区；番国志，对外国的记载。《西洋番国志》，即关于明代亚非沿海国家的记载。作者巩珍，号养素生，明应天府（今南京）人，生卒年不详，以从军而提升为幕僚，余者无考。明宣德六年（1431 年）至宣德八年（1433 年）郑和、王景弘等奉旨第七次下西洋，"统率官兵数万，乘驾宝舟百艘，前往海外"。据巩珍《自序》称，其时他"年甫出幼（十六岁），备数部伍，拔擢从事于总制之幕"，被入选随行。巩珍从小有志，"非陋庸材"，极为珍视此次"叨从使节，涉历遐方"的远航经历，认为是"千载之奇遇"。故将航行所经各国的事迹，"或目及耳闻，或在处询访"，如实记录；至于"汉言番语，悉凭通事转译而得"，也"记录无遗"，写进后撰的《西洋番国志》。是书脱稿于明宣德九年（1434 年），记录了作者随经的占城、爪哇、旧港、暹罗、满剌加、苏门答剌、哑鲁、南浡里、小葛兰、柯枝、古里、阿丹、榜葛剌、忽鲁谟厮、天方等二十个亚非沿海国家。晚年，巩珍曾登南京下关狮子山夜眺，忆及当年随同郑和船队遍访海外诸国之事，写下了《卢龙山夜眺》一诗："北斗挂城头，长江日夜流。狮王蹲不动，鲸吼海天秋。"

　　《西洋番国志》不如马欢《瀛涯胜览》、费信《星槎胜览》那样流传广泛，几百年来识者甚鲜，仅在清代钱曾《读书敏求记》首见，并在《四库全书总目提要》史部地理中存目。现知的版本有彭氏《知圣道斋钞本》（藏北京图书馆）、丁氏《竹书堂钞本》（今藏南京图书馆）。1948 年，始知天津周叔弢藏有此书彭氏钞本，其后，周将之捐赠北京图书馆。1958 年向达所撰《〈西洋番国志〉的发现》一文，刊于新加坡《南洋学报》14 卷。次年，向达校注本由中华书局正式出版。

向达（1900—1966 年），湖南溆浦人。字觉明，笔名方回、佛陀耶舍，土家族。1919 年考入南京高等师范学校；1924 年后任商务印书馆编译员、北平图书馆编纂委员会委员兼北京大学讲师；1935 年秋赴牛津大学鲍德利（Bodley）图书馆工作；1937 年赴德国考察劫自中国的壁画写卷；1938 年回国后任浙江大学、西南联合大学教授；抗战胜利后，任北京大学历史系教授兼掌北大图书馆；新中国成立后，任北京大学历史系教授、图书馆馆长，中国科学院哲学社会科学部委员；1966 年 11 月 24 日不幸逝世。

向达是我国现代研究中西文化交流史与中西交通史的著名学者，视野开阔，论考严谨，著作等身。仅在郑和下西洋与中西交通史研究上就成果颇丰，除校注《西洋番国志》外，还整理了《郑和航海图》，校注了《两种海道针经》，撰写了《中西交通史》，并发表了论文《关于三宝太监下西洋的几种资料》，并创辟"中外交通史籍丛刊"，在学术研究上做出了重要的先导性贡献。

在《西洋番国志》校注中，向达以北京图书馆所藏的彭氏本为底，对其脱文误字，以《瀛涯胜览》等书校正订补。对于书中所涉的事实、地名等，则博采众长，加以自己的研究予以注释。对原书内容未标次序及题目者，逐一补入；对原文目录次序有误，则另编一目。值得注意的是向达所加的三个附录。附录一收录了钱曾《读书敏求记》、《四库全书总目提要》及彭元瑞《知圣道斋读书跋尾》中有关《西洋番国志》的题跋和提要，使读者能进一步了解此书的作者、写作背景与特色等。附录二收录了李至刚撰郑和父《马哈只墓志铭》、郑和在锡兰所立碑、郑和于泉州《回教先贤冢行香石刻》、娄东刘家港《天妃宫石刻通番事迹记》、长乐南山寺《天妃之神灵应记》、祝允明《前闻记·下西洋》，将与郑和身世经历、航海过程和航路详情相关的最主要的文物举陈供参。附录三制录了《西洋番国志》《星槎胜览》《瀛涯胜览》三书篇目对照表及16—17世纪之东西洋略图，供阅读参考。凡此种种，均倾注了向达的学术思考与研究心得，是非常权威的校注本。

《西洋番国志》在郑和下西洋的三部原始文献中具有无可替代的学术价值。其一，从三篇独有的敕书看，永乐十八年（1420年）曾遣太监杨庆等前往忽鲁谟厮等国公干；永乐十九年（1421年）郑和五下西洋时，承旨同去者尚有孔和卜花、唐观保等人，还曾遣内官洪保等送各番国使回还；宣德五年（1430年）郑和七下西洋时，同行者除王景弘外，尚有李兴、朱良、杨真、洪保等人，同时，对此行的船队规模及所需钱粮和赏赐海外物品的库存出处，也有具体交代。此敕书所记载，对郑和下西洋背景、人员、后勤供应等研究价值不菲，可补诸书之遗阙。其二，更为重要的是，是书对郑和下西洋及中国古代航海技术的研究极具价值。一是关于宝船的记载，巩珍在《自序》中说："其所乘之宝舟，体势巍然，巨无与敌，蓬帆锚舵，非二三百人莫能举动。"此与马欢《瀛涯胜览》所载之宝船尺度以及南京灵谷寺所藏"飞来剪"（明代遗留下来的下西洋铁锚）、六作塘龙江宝船厂遗址的大舵杆以及洪保墓发现的"乘大福等五千料巨舶"的实物碑文等，或可参相印证。二是在苏门答剌国（位今马六甲海峡西口）记载中说，"其国乃西洋总路头"，这与马欢所说的"阇婆又往西洋去"异曲同工，对明代东西洋海区的划分以及郑和下西洋航行次数的厘定具有重要的价值。三是"海水卤咸，不可入口，皆于附近川泽及滨海港汊，汲取淡水。水船载运，积贮仓艍，以备用度"；郑和出洋之前，"始则预行福建、广、浙，选取驾船民梢中有经惯下海者称为火长，用作船师。乃以针经图式付与领执，专一料理"，对于海船饮用淡水之取存以及火长（船长）等的来源选用都有交代，是研究航海业务与生活的重要资料。第四，也最重要的是巩珍在《自序》中写道："往还三年，经济大海，绵邈弥茫，水天相接，四望迥然，绝无纤翳之隐蔽。惟观日月升坠，以辨西东，星斗高低，度量远近。皆斫木为盘，书刻干支之字，浮针于水，指向行舟。经月累旬，昼夜不止。海中之山屿形状非一，但见于前，或在左右，视为准则，转向而往。要在更数起止，记算无差，必达其所。"这段文字，描述了航海天文、地文与水罗盘导航，陆标定位与海上针路等，可谓郑和下西洋航海技术全面扼要的总结，是研究中国古代航海技术的内涵和特征的极为珍贵的史料。

《西洋番国志》和《星槎胜览》《瀛涯胜览》等记载郑和下西洋的原始文献一样，见证了东西方物质文明和精神文明的交融，不仅是历史的记录和回忆，更是"一带一路"的内涵积淀、文明源头和行动基础。它所载的各国物产、文化、民俗、宗教等的多样性交流，架构了不同国家、不同种族、不同文明的相互影响和相互包容的思想纽带，对新时代"一带一路"的建设，具有重要的启发意义和应用价值。

我以为，在吸取和借鉴历史经验与精神内涵的基础上，以创新理念切实推进"一带一路"的建设，着力发展中外合作与友谊，使海陆沿线的各国人民能实实在在感受到"一带一路"倡议的价值，同心同德建设人类命运共同体，正是其再版重印的主旨所在。

孙光圻

校注巩珍《西洋番国志》序言

　　《西洋番国志》不分卷一册，明南京人巩珍撰。明成祖朱棣永乐三年（公元一四〇五年）遣郑和率舟师下"西洋"，至明宣宗朱瞻基宣德八年（公元一四三三年）为止，前后七次，首尾历时二十九年（公元一四〇五——一四三三年）。所至地远达今红海及非洲东部沿海的一些地方。当时随郑和下"西洋"归国写书记录见闻的有马欢的《瀛涯胜览》，费信的《星槎胜览》，连同巩珍的《西洋番国志》，都是记载郑和下"西洋"的三部最初史料。马欢字宗道，浙江会稽人，回教徒，通阿拉伯文，职为通事，即当翻译。费信字公晓，江苏太仓人，本是太仓卫戍军，因而从军。巩珍字无考，据《自序》知号"养素生"，南京人，也是以从军而拔升幕僚工作的，其余无可考。

　　马欢、费信的著作，明代即有各种版本，流传甚广。只巩珍的《西洋番国志》甚为罕见。黄虞稷的《千顷堂书目》以及出于《千顷堂书目》的《明史·艺文志》都未著录。该书首先见于钱曾的《读书敏求记》，可能为钱谦益绛云楼的劫余。清高宗弘历修《四库全书》，《四库全书总目提要》卷七十八史部地理存目七收有巩珍此书，根据的是浙江巡抚采集本，因为入存目，所以《四库全书》里没有此书。此后又见于彭元瑞的《知圣道斋读书跋尾》。彭元瑞以后，就很少有人著录或见到此书。新中国成立前一年始知天津周叔弢先生藏有巩珍的《西洋番国志》，即是彭氏《知圣道斋钞本》。新中国成立后周先生将他所藏的善本书全部捐献给北京图书馆，巩珍的《西洋番国志》也在其内。于是有关郑和下"西洋"的三部最初史料，至是始完全重见于世了。

巩珍此书共著录二十个国家，先后次序和文字内容与马欢的《瀛涯胜览》大致相同。巩珍在自序里说他所记各国事迹，悉凭通事转译而得，记录无遗。我们认为巩珍所说的通事，多半指的是马欢，大概他也利用过马欢的记录。不过巩珍的文字修养比马欢要高一些，所以钱曾说他"叙事详核，行文瞻雅"。但也因为讲究行文，力求简洁，有些地方反而辞意晦涩，不甚清楚。校注时尽量根据《星槎》《瀛涯》诸书，加以注解。《知圣道斋钞本》脱文误字不一而足，也根据《星槎》《瀛涯》诸书予以校正订补。

但是这并不是说巩珍的书除去"行文瞻雅"而外，便别无可取了。不是这样的。《星槎》《瀛涯》诸书也有不少的脱文误字，过去因为没有他书可资比勘，因而不得其解，今用《西洋番国志》对校，可以解释清楚。如"忽鲁谟厮国"条提到琥珀，说是"番名'撒白'，值钱各色美玉器皿"。《瀛涯胜览》于此处"值"字下脱去"钱"字，因而解释纷纭，今得《西洋番国志》对勘，就很清楚了。此其一。又《西洋番国志》卷首收有永乐至宣德敕书三通，是研究郑和下"西洋"以前准备情形的重要材料，不见于他书。此其二。巩珍《自序》中记载到当时下洋，用"牵星过洋"，用水罗盘定向；提到火长的职掌为领执"针经图式"；提到宝舟的巨大，蓬、帆、锚、舵要二三百人始能举动；提到下洋时如何积贮淡水。这些都是研究十五世纪时中国航海史有用的材料，可以补他书之不足的。

费信、巩珍都是兵士出身，马欢也只是一个通事。但他们的书中，都能忠实地记载了当时"西洋"诸国的人民生活情况，特别是记载了与我国人民的友好和通商关系，成为我们研究古代"西洋"各国的重要史料。但由于他们生长在十四、十五世纪间的时代中，这时正是明王朝兴盛的时候，他们的记述就不可避免地带着"天朝上国"的大国主义思想。在对一些国家的描述中，还过分地夸大其落后的一面。甚至掺杂一些荒诞无稽的传闻。如关于"尸只于"（尸致鱼）的传说和占城国王用生人胆水沐浴等。大概是作者参考了元汪大渊《岛夷志略》和周达观《真腊风土记》等的记载，而实际上这都是毫无事实根据的。

校注巩珍此书，对于脱文误字，主要根据《瀛涯》等书加以校正订补。对于事实、地名，则采取各家说法，加以注释。《知圣道斋钞本》于敕文及经历各国，只另起一段，并未标注次序及题目，今为一一补入，以清眉目。原本目录和《瀛涯》一样，前后次序错误，今也为另编一目。并另制一《〈星槎胜览〉〈瀛涯胜览〉〈西洋番国志〉三书篇目对照表》，以资参考。

此外还加上了三个附录。附录一收录了钱曾《读书敏求记》、《四库全书总目提要》以及彭元瑞《知圣道斋读书跋尾》有关《西洋番国志》的题跋和提要，一共三篇。附录二收录了李至刚撰郑和父《马哈只墓志铭》附碑阴《郑和题记》、郑和在锡兰所立碑、郑和在泉州《回教先贤冢行香石刻》、娄东刘家港《天妃宫石刻通番事迹记》、长乐南山寺《天妃之神灵应记》以及祝允明《前闻记》中"下西洋"条，一共六篇。这都是有关郑和的直接史料，其中大部分是已经发表过的。只《马哈只墓志铭》附碑阴《郑和题记》是新近发现的，《锡兰碑》第一次根据拓本著录。附录三收录了《〈星槎胜览〉〈瀛涯胜览〉〈西洋番国志〉三书篇目对照表》及《16—17世纪之东西洋略图》，供读者阅读时参考。

向达

一九五九年二月

《西洋番国志》自序①

伏以皇天开泰运，圣祖御明时，创业建基，垂法万世。成功俪美于唐虞，茂德丕隆于汤武。钦惟太宗文皇帝②继圣守成，代天理物。声教洋溢乎四海，仁化溥洽于万方。制作谋谟，腾今迈古。永乐之初，敕遣中外重臣，循西海诸国昭示恩威。扩往圣之鸿规，著当代之盛典。舆图开拓，万善咸臻，未有至于此也。宣宗章皇帝③嗣登大宝，普赉天下。乃命正使太监郑和、王景弘等兼督武臣，统率官兵数万，乘驾宝舟百艘，前往海外，开诏颁赏，遍谕诸番。时愚年甫出幼④，备数部伍，拔擢从事于总制之幕。往还三年，经济大海，绵邈弥茫，水天连接。四望迥然，绝无纤翳之隐蔽。惟观日月升坠，以辨西东，星斗高低，度量远近。皆斫木为盘，书刻干支之字，浮针于水，指向行舟。经月累旬，昼夜不止。海中之山屿形状非一，但见于前，或在左右，视为准则，转向而往。要在更数起止，记算无差⑤，必达其所。始则预行福建、广、浙，选取驾船民梢中有经惯下海者称为火长，用作船师。

① 原本无"自序"二字，今补。
② 指明成祖朱棣，年号永乐。
③ 指朱瞻基，年号宣德。
④ "出幼"即指成丁。明制十六为成丁，成丁而役。
⑤ 据《西洋朝贡典录》卷上"占城国"注，海行之法，以六十里为一更。

乃以针经图式付与领执[1]，专一料理，事大责重，岂容怠忽。其所乘之宝舟，体势巍然，巨无与敌，蓬帆锚舵，非二三百人莫能举动[2]。趋事人众，纷匝往来，岂暇停憩。缺其食饮，则劳困弗胜。况海水卤咸，不可入口，皆于附近川泽及滨海港汊，汲取淡水。水船载运，积贮仓艍，以备用度，斯乃至急之务，不可暂弛。至于当洋正行之际，烈风陡起，怒涛如山，危险至极。舟人惊骇，仓忙无措，仰赖神灵显然临庇，宁帖无虞。[3]所至番邦二十余处，人物妍媸不同，居止洁秽等别。气候常如春夏，秋霜冬雪皆无。土产风俗，各不相类。其所赍恩颁谕赐之物至，则番王酋长相率拜迎，奉领而去。举国之人奔趋欣跃，不胜感戴。事竣，各具方物及异兽珍禽等件，遣使领赍，附随宝舟赴京朝贡。是皆皇恩霶霈，德化溥敷，致远人之归服也。顾愚菲陋庸材，叨从使节，涉历遐方，睹斯胜概，诚为千载之奇遇。凡所纪各国之事迹，或目及耳闻，或在处询访，汉言番语，悉凭通事转译而得，记录无遗。中有往古流俗，希诧变态，诡怪异端而可疑，或传译舛讹而未的者，莫能详究。其注意措辞，直俗之语，不别更饰，惟依原记录者序集成编，存传于后。尚觊将来出使之晓达者，增损而正之。

时大明宣德九年岁在甲寅孟春之月吉旦[4]，养素生金陵巩珍寓金台之馆舍谨志。[5]

---

[1] 《东西洋考凡例》谓舶人旧有航海针经，这大概就是《指南正法》一类的书，图式可能与《郑和航海图》相类似。

[2] 据《明钞说集》本《瀛涯胜览》卷首列举宝船官兵总数，说到那时下西洋的六十三号宝船，大者长四十四丈四尺，阔一十八丈，中者长三十七丈，阔一十五丈。又南京灵谷寺旧有铁剪，名"飞来剪"，很大很重。其实这就是明代遗留下来的下西洋的铁锚。关于宝船，明祝允明《前闻记》所记，与《说集》本《瀛涯胜览》相同，并说是宣德年的一次。这可以证明巩珍的记载，也是指的宣德一次下西洋。

[3] 此处所云神灵，盖指"天妃"而言。

[4] 宣德九年孟春为公元一四三四年二月。

[5] 金陵指今南京，金台指今北京。

目　录

敕　书①

一

敕：太监杨庆等往西洋忽鲁谟厮等国公干，合用各色纻丝纱锦等物，并给赐各番王人等纻丝等件。敕至即令各该衙门照依原定数目支给。仍令各门官仔细点检放出，毋得纤毫透漏。故敕。

永乐十八年十二月初十日

二

敕：内官郑和、孔和卜花、唐观保。今遣内官洪保等送各番国使臣回还，合用赏赐并带去银两段匹铜钱等件。敕至即照依坐去数目关给与之，其官军原关粮赏，买到麝香等物，仍照依人数关给。该用军器等项，并随舡合用油麻等物，令各该库分衙门逐一如原料数目关支。就令太监郑和眼同打发，

① 原本无"敕书"二字标题，又无一、二、三次序字样，今补增以清眉目。

就拨海舡二只与之装载前去。仍发落各门官仔细点检放出,不许纤毫夹带透漏。故敕。

一下西洋去的内官合用盐酱茶酒油烛等件,照人数依例关支。

永乐十九年十月十六日

三

敕:南京守备太监杨庆、罗智、唐观保[①],大使袁诚。今命太监郑和等往西洋忽鲁谋斯[②]等国公干,大小舡六十一只[③],该关领原交南京入库各衙门一应正钱粮并赏赐番王头目人等彩币等物,及原阿丹等六国进贡方物给赐价钞买到纻丝等件,并原下西洋官员买到磁器铁锅人情物件,及随舡合用军火器纸札油烛柴炭并内官内使年例酒油烛等物,敕至,尔等即照数放支与太监郑和、王景弘、李兴、朱良、杨真,右少监洪保等,关领前去应用,不许稽缓。故敕。

宣德五年五月初四日

① "唐观保"原本作"唐观"。永乐十九年敕有"唐观保",钱曾《读书敏求记》西洋番国志条引宣德敕亦作"唐观保"。则此本唐观下脱去"保"字,因为补入。
② "忽鲁谋斯"在永乐十八年敕及本书内俱作"忽鲁谟斯"。唯敕书之辞,前后可能有出入,又"谋斯""谟斯",译音相近,故仍旧不改。
③ 宣德一次下西洋的宝船数目,此作六十一只,《说集》本《瀛涯胜览》"占城国"注作六十三号,《明史·郑和传》又作六十二。

诸番国名

占城国①

占城国，即释典所谓王舍城也②。在广东大海之南。自福建长乐县五虎门③开船，往西南行，好风十日可至。其国南达真腊④，西接交阯之后。东北俱大海。国之东北百里有海口名新州港⑤。岸上有一石塔，诸处船望见塔即收港。港口有寨，番名"设北奈"⑥。寨内番人五十家，有二头目主之。西南百里即王城，番名曰"占"⑦。其城以石垒，开四门，各有守者。

---

① 原本无分国标题，今为增补，以清眉目。下同。

② 王舍城在印度，宋以来谓南海亦有王舍城，相承至明，犹沿此误。

③ 五虎门在长乐县北，正当闽江口，清代尚在此驻有水师把总。

④ 真腊即今柬埔寨。

⑤ 原本作"新港"，《星槎》《瀛涯》俱作"新州"，因补"州"字。新州港冯承钧以为即今越南归仁。

⑥ 设北奈，《瀛涯胜览》《西洋朝贡典录》"北"俱作"比"。

⑦ "占"，《典录》作"占城"，冯承钧谓"占城"即梵名 Champapura 的译名。

国王锁里人①，崇信释教。头以金为冠，钑三山玲珑花，其状与中国杂戏中妆扮者所戴冠同。身衣五色长衣，以细花布为之，下围色丝手巾。王跣足，出入骑象，或以二黄牛驾小车而行。其头目所戴冠，用其土所产茭葦叶为之。其制度亦如王者，但饰以金彩，各分品级高下。所服衣衫长不过膝，下围各色布手巾。王居屋宇高大，上盖长条细瓦，四围墙垣皆用砖灰，其门以坚木刻兽形为饰。民居房屋俱覆以茅，其檐不许过三尺，过三尺者罪之。服色皆用紫，玄黄亦不禁。王乃服白，余服白者罪死。国人男子蓬头，妇人撮髻脑后。体貌俱黑。上衣短袖衫，下围色布手巾。俱赤脚。

气候常暖，如中国四五月时，无霜雪，草木长青。产茄蓝香、降真香、观音竹、乌木。其木甚黑润，绝胜他国所出者。茄蓝香惟此国有一大山产，他国俱无，价与银等。观音竹如细藤棍，色黑，长一丈七八尺，每寸有三二节，他国俱无。所生犀象，其牙角甚广。犀牛如水牛形，一角生鼻梁中，蹄有三跲，身黑无毛，皮粗厚，纹如鳞甲，体重七八百斤，食刺树刺叶及指大干木。有牛马猪羊，其马仅大如驴。鹅鸭少。鸡至小，脚仅高寸半或二寸。雄鸡则红冠白耳亚腰窈尾，人执手中犹啼，甚可爱也。果有梅、橘、西瓜、甘蔗、芭蕉、椰子。波罗蜜状如冬瓜，皮纹如荔枝，其中有肉颗如鸡子大，色黄味甘如蜜。肉内有子，大如中国刀豆子，炒食如栗。蔬菜则冬瓜、黄瓜、葫芦、芥菜、葱姜而已。其余果菜俱无。人多渔，少耕种，所以稻谷不广，土种米粒细长多红者。大小麦俱无。日食槟榔扶葦叶②不绝口。

婚姻，男子先至女家成亲，过十日或半月，男家父母及诸亲友以鼓乐迎回，饮酒作乐。其酒以药和饭封瓮中候熟。但饮时先数主客人数多少，以长节竹筒插入瓮中，人皆围坐轮次而起，扶筒咂饮，干再增水，味尽方止。

书写无纸笔，搥羊皮令薄，或折树皮，以白粉书之。

---

① "锁里"又作"锁俚"，系 Soli（Cola）的对音，为印度东岸一种民族。冯承钧以为言锁里乃泛指印度族而言。

② 名老叶。

国刑，得罪轻者以藤条杖脊，重者截鼻。为盗者断手，男女犯奸者烙面。甚者以木为舡，行放水中，上立一坚木削尖，令罪人坐尖上，木自口出而死，就流水上示众。

岁月无闰，但以十二月为一年。昼夜分十更，击鼓以记之。

其王年节用①生人胆调水沐浴。各处头目采取进纳，以为贡献之礼②。王居位三十年，令别弟兄子侄权国事，自往深山持斋受戒，对天誓曰："我在先为王，若无道，愿虎狼食我，或即病死。"若一年不死，则复为王。人皆呼为"昔嚟马哈剌扎"③，盖至尊至圣之称也。

其国中有人家妇人，呼名"尸只于"者④，惟以目无瞳人为异。夜寝时头能飞去，食人家小儿粪尖，则妖气入儿腹必死。其头复回本体，相合如旧。曾有人能以妇人之体移置他处，其妇亦死，但知人家有此妖异不报官者，罪及合家。

又有一大潭通海，其中有鳄鱼。国人有告争讼难明，官不能决者，则令各骑水牛过潭。鳄鱼见理曲者辄出食之，其理直者虽过十余次无事，最为异也。

海边有野水牛，甚狠恶可畏。其牛原是人家耕牛，因逸去他处，生养成群。但青衣之人相近，辄群逐来，抵触而死。人皆避之。

国俗最忌人触其胸怀，或有犯者，恨而阴谋杀之。其买卖交易，惟以

---

① "年节用"原本作"用年节"，据《瀛涯胜览》"占城国"条乙正。

② 占城采用生人胆，始见于元汪大渊《岛夷志略》"占城"条，谓"岁以上下元日纵诸人采生人胆，以鬻官家，官以银售之。以胆调酒与家人同饮，云通身是胆，使人畏之，亦不生疤疬病也"云云。明代《西洋番国志》《星槎胜览》《瀛涯胜览》"占城国"条所记用生人胆，大都沿袭《岛夷志略》说。

③ 昔嚟马哈剌扎，冯承钧以为即梵文 Srī Mahāraja 对音，犹言吉祥大王也。

④ "尸只于"，《瀛涯胜览》"占城"条作"尸致鱼"，与此处之"尸只于"同音异字。《星槎胜览》"占城"条又作"尸头蛮"。《岛夷志略》"宾童龙"条有"尸头蛮"。冯承钧以为马欢所记即是承袭《岛夷志略》之说。《新唐书·南蛮传》还记有飞头獠，与尸头蛮、尸致鱼情形相似。这只是一种荒唐的传说而已。

七成色淡金使用。所喜者中国青磁盘碗等器，及纻丝绫绢硝子珠等物，皆执金来转易而去。国王岁采方物犀角象牙茄蓝等香赴中国进贡。

爪哇国

爪哇国古名阇婆国也^①。其国有四处，一曰杜板^②，一曰新村^③，一曰苏鲁马益^④，一曰满者伯夷^⑤，俱无城郭。宝舡到彼，皆于海中驻泊，官军人等惟驾三板舡于各处来往。其他国有舡来者，先至杜板，后至新村，次至苏鲁马益，次至满者伯夷。

其满者伯夷之王居处以砖为墙，高三丈余，周围约二百余步。内其屋如架楼，约高三四丈^⑥余，间以板铺阁，加细藤簟或花席于其上，人皆盘膝而坐。上用坚木为板交搭盖覆。以下国人居屋皆用茅盖，亦以砖砌土库高三四尺，家私物件，尽藏库内，居止坐卧俱在于上。

其国王蓬头跣足，头戴金叶花冠，身无衣袍，腰以下围丝嵌手巾，出入坐牛车，或骑象。国人男子蓬头，妇人椎髻，上不着衣，下围手巾。其手巾比世用者倍阔，名曰"打布"，男女皆从腰下臀上围起，至于面脐下掩闭，却以狭布巾一条系于打布上面，名为"压腰"。所食槟榔蒟叶就于

① 爪哇、阇婆即 Java 对音，今印度尼西亚。
② 杜板，《星槎》《瀛涯》同，又云番名"赌班"（Tuban），为爪哇东部一县，华侨称为"厨闽"，属新埠头（Bodjonegoro）。
③ 新村后云番名曰"革儿昔"（Geresik、Grissé），今华侨称为"锦石"，在爪哇东部。旧为一府，与新埠头同。
④ 苏鲁马益后云番名"苏儿把牙"（Surabaya），华侨称为"泗水"，为今爪哇东部的省会。
⑤ 满者伯夷（Majapahit），据后所云盖在泗水河上游，溯河而上八十里至漳沽，舍舟登陆，西南行半日，即至其地。
⑥ "丈"原本作"尺"，《西洋朝贡典录》"爪哇国"条注又作"人"，《瀛涯胜览》"爪哇国"条作"丈"，兹据改。

压腰巾内包裹腹前，行走坐卧嚼咂不止，惟睡着时不食。其槟榔椰子类同茶饭，不可稍缺。

国人之性，专以强梁竞其胜负。但是男子随身皆有刀一把，仅长一尺有余，刻木作套，装护其刃，贴肉插于腰间。怒欲刺人随手举执，凶恶可惧。其刀名"卜剌头"[①]，俱以兔儿雪花镔铁为之，两刃尖利之甚，短靶用木作人形鬼面，细巧堪爱。最忌人弄小儿摸其头，伊父见知，务必追执，以刀刺杀。寻常往来，但与争斗抵触者，即拔腰间所插之刀，刺死其人，彼即脱走，过三日后即不偿命。或其时就执之者随亦戮死不论。凡在市卖物皆是妇人，与之交易近傍之门，因彼裸体，其乳被人扪弄，惟对笑而已。其夫虽见，佯若不知。国无鞭笞之刑，但犯罪不拘轻重，皆用藤缚两臂，拘拥而去，则以卜剌头刀刺腰及肋即死。国之风土无日不杀人，甚可畏也。

中国铜钱通使。[②]

杜板，番名"赌班"。此地约千余家，中国广东及漳州人多逃居于此，以二头目为主。其海滩上有小池，甘淡可饮。传说元朝命将史弼、高兴伐阇婆，经月阻风不得登岸，军士渴欲死。二将仰天祝曰："奉命伐蛮，天若与之则泉生。"乃以枪劚地，泉随涌起，至今呼为圣水云。其地鸡羊鱼菜贱。

杜板向东行半日许至新村，番名"革儿昔"[③]。此地原为枯滩，因中国人逃来，遂名新村，至今村主广东人也。约千余家。各处番舡皆聚此，出卖金宝石及一应诸番货。居人甚殷富。

新村向南行日许到苏鲁马益港口，水淡沙浅，大舡难进。用小舡行二十余里到苏鲁马益，番名"苏儿把牙"。亦有村主，管番人千余家门。亦有中国人。其港口有一洲林木森森，上有长尾猴万数，中有黑色老雄猴为主，有一老番妇人随其侧。国人妇女无子者，皆备酒饭果饼往祷，老猴

---

① "卜剌头"系 Běladau 一字对音，《瀛涯胜览》《西洋朝贡典录》作"不剌头"。

② 后亦云买卖俱用中国铜钱。在第二次世界大战前，巴厘岛及小巽他群岛尚用清代制钱。

③ 原本脱"昔"字，兹据《瀛涯胜览》补入。

喜则先食其物，众猴争食其余。食尽随有公母二猴近前交应，此妇回即有孕，否则无也。可怪哉！

于苏鲁马益小舡行八十里，到埠头，名"漳沽"①。登岸向西南行半日②，到满者伯夷，则王居处也。其处有番人二三百家，头目七八人辅王③。天气长热如夏，田稻一年二熟，米粒细白。芝麻绿豆皆有，惟无大小麦。土产苏木、金刚子、白檀香、肉豆蔻、荜茇、班猫、镔铁、龟筒、玳瑁。鹦鹉大如母鸡，及红绿莺哥、五色莺哥、鹩哥，皆能效人言语。珍珠鸡、倒挂鸟、孔雀鸟、槟榔雀、绿班鸠之类。又有白鹿、白猿、白猴等兽。其牲畜则有猪羊牛马，惟无驴及鹅。果有芭蕉、椰子、甘蔗、石榴、莲房、西瓜、郎极④果、莽吉柿⑤之类，莽吉柿状如石榴，匾形，紫色，皮厚。内有白肉四块，甘酸可食。郎极⑥状如枇杷而大，内有白肉三块，亦酸甘可食。甘蔗长二三丈，皮白。其余瓜茄菜蔬皆有，惟无桃李。

国人坐卧无床凳，饮食无匙箸。饭用盘盛，沃以酥汁，手撮而食。凡鱼虾蛇蚓蛆虫等物，以火燎过即啖之。或有聚饮者，列坐于地，酒乃茭葶椰子所酿，盛于瓦坛，以旋采树叶蔑签作盏杓，一人傍执舀酒，传递到手即饮之，掷于地以伺再传，淋漓不顾。其过酒之物虾鱼蛆虫蔬菜，亦以蔑签盘楪钉摆于地，人各一份尽醉。

而其国人有三等。一等西番回回人，因作商贾流落于此。日用饮酒清洁。

① "沽"原本作"活"。《瀛涯胜览》"爪哇国"条作"章姑"，《元史·爪哇传》作"章孤"，则此本"活"字必"沽"字之误，因据改。"漳沽"为 Changkir 对音。
② "半日"，《瀛涯胜览》《西洋朝贡典录》俱作"一日半"，王宗载《四夷馆考》作"半日"，与此本同。
③ 爪哇在十三世纪至十六世纪初，为满者伯夷王朝时代。郑和下西洋，正满者伯夷王朝 Vikramavardhana 在位之时，宣德五年巩珍下西洋，Vikramavardhana 已死，由其女 Suhita 即位。以王朝国都在满者伯夷，故一般称之为满者伯夷王朝。
④ "极"原本作"板"，据《瀛涯胜览》改。
⑤ "莽吉柿"即爪哇语 manggis 对音。
⑥ "郎极"即爪哇语 langsap 对音。

一等唐人，皆中国广东及福建漳、泉州下海者，逃居于此。日用食物亦洁净。皆投礼回回教门①。一等土人，形貌丑黑，猱头赤脚，崇信鬼教，佛书所谓鬼国即此地也。其人饮食秽恶，蛇蚁虫蚓，食啖无忌。家畜之犬与人共食，夜则同寝，恬不为怪。人云昔有鬼子魔王青面绀发红身，与一象合，生子百余，常啖食人。忽震雷裂石，中有一人，众立为王，尽降于象，而不为害。士人乃其遗种，至今尚有强狠之习。

每岁以十月为春首。有竹枪会。王与其妻各乘塔车。塔车高丈余，四面有窗，下有转轴，以马驾之，王后妻前，同至会所。两边摆列队伍，各执竹枪。其竹实心不施铁刃，但削尖用火焠其锋，相持对敌。男子各带妻孥随行，其妻孥亦各执木棍长三尺许在于敌场，听鼓声缓急。男子交枪既三合，各妻就以手执木棍格之，呼曰"那拉那拉"②，则皆退散。或甲与乙敌伤死，王就令甲出金钱一枚③与乙家，其妻随甲去。以此较胜负为戏。

其婚姻：则男先至女家成亲，三日后乃迎回。男家击铜鼓、铜锣，吹椰筒及打竹筒鼓，并放火铳，前后短刀团牌围绕。其妇则被发裸体跣足，腰围丝嵌手巾，项佩金珠联络之饰，臂带金银宝镯。其亲友邻里俱以槟榔蒟叶线纫花草之类装插彩舡而送之，以为贺礼。

其丧葬：父母将死，则问父后欲犬食、欲火化，或欲弃水中，随父母所愿欲而行之。若欲犬食，则舁尸至海滨或野外，有犬十数来食其肉。尽为好，食不尽，子女皆悲号哭泣，弃其余水中而归。又富翁及贵人将死，有所爱婢妾，辄与誓曰："死则同往。"及死出殡，积柴薪焚主翁尸。及火焰盛，所爱妾二三人皆戴草花披五色花手巾，登跳号哭，遂投火中，同主尸烧化，以为送葬之礼。

① 此作"皆投礼回回教门"，《瀛涯胜览》"爪哇国"条作"多有从回回教门受戒持斋者"。似以《瀛涯》所记为比较近真也。

② "那拉那拉"原本作"邦拉那拉"，兹依《瀛涯胜览》"爪哇国"条改正。那拉（larak），爪哇语"退"也。

③ "枚"原本作"枝"，应是"枚"字之误，因为改正。

国人多富，买卖俱用中国铜钱。历代书记亦有字，与锁俚相类，以茭葦叶用刀刻画。亦有文法，语甚美软。

其衡法：每斤二十两，每两十六钱，每钱四姑邦[①]。每姑邦该中国秤二分[②]一厘八毫七丝五忽，每钱该官秤八分七厘五毫，每两该官秤一两四钱[③]，每斤该官秤二十八两。量法：截竹为升，名曰"姑剌"[④]，该中国一升八合。以八升为斗，各曰"捺黎"[⑤]，该中国一斗四升四合。

每月十五六夜月色好，则番妇集二十人或三十人，于月下联臂徐行。一妇为首，先唱番歌一句，众皆应声齐和。过亲戚及富贵家，皆赠以铜钱等物，名为"步月[⑥]行乐"。又有一等人杂画人物鱼兽虫豸，如中国所为手卷状，以二木高三尺为画杆，止齐一头。其人盘膝坐地，以图画立地上，展出一段则朝前用番语高说此段来历，众人环坐而听之，或笑或哭，如中国说平话然。

国人最喜青花磁器并麝香、花绣、纻丝、硝子珠等货。国人常采方物，遣使进贡中国。

---

① "姑邦"，爪哇语 kubana 对音。

② "分"原本作"钱"，兹据《瀛涯胜览》"爪哇国"条改正。

③ 原本作"每钱该官秤一两四钱"，校以《瀛涯胜览》，此有脱文。《瀛涯》作"每钱该官秤八分七厘五毫，每两该官秤一两四钱"。因据补"八分七厘五毫每两该官秤"凡十一字。

④ "姑剌"为爪哇语 kulak 对音。

⑤ "捺黎"为爪哇语 nalik 对音。

⑥ 原本脱"月"字，据《瀛涯胜览》"爪哇国"条补。

旧港国

旧港国即三佛齐国①也。番名佛林邦②。受爪哇节制。其国东即接爪哇，西抵满剌加国，南距山，北枕海。诸处舡来，先淡水港入彭家门③，系舡岸边，名石塔，易小舡入港，乃至其国。国多广东、福建漳、泉人。地土肥美，谚谓"一季种谷，三季收稻"，正此处也。其处水多地少，人多习水战，头目皆岸上造屋以居，其余民庶俱于水上编竹为筏，葦叶作房居之。筏用桩缆随水长落，欲迁居则连筏移去，不劳搬徙，亦甚便。港中朝暮二次暗潮。国甚富饶。其风俗、婚姻、死葬、语言皆与爪哇同。

洪武初，广东人陈祖义等挈家逃窜于此。后祖义充头目横甚，往往劫夺客舡财物。有施进卿者亦广东人。永乐五年奉朝命往西洋，宝舡过此。施进卿来执擒祖义等送京斩之。朝廷命进卿为大头目，以主其地。进卿死，位不传子，其女二姐为主，赏罚黜陟，悉听裁制。④

---

① 三佛齐即古 Śrīvijaya。

② "佛林邦"，《瀛涯胜览》"旧港国"条作"淳淋邦"，即 Palembang 对音，在苏门答腊东部。古名"室利佛誓"，或"室利佛逝"，此国名梵文作 Śrīvijaya，阿拉伯文作 Sribuza。唐代义净诸人从海道往印度俱经过此国，义净并在此住过相当长的时候。宋以后始又以三佛齐之名出见于中国书上。"三佛齐"即爪哇文 Samboja、Semboja 对音，这说明统治室利佛誓国的山地王朝（Sailendra）已为爪哇东部王朝所代替。郑和下西洋时，旧港亦属于爪哇满者伯夷王朝。

③ 汪大渊《岛夷志略》及《瀛涯胜览》之"旧港"条俱作"自淡港入彭家门"。淡港、淡水港应即一地。藤田丰八谓为 Musi 河口，冯承钧谓指淳淋邦河。彭家门即 Banka 岛与苏门答腊间的海峡，故应先入彭家门，后至淡港，此沿旧说。

④ 巩珍《西洋番国志》记陈祖义、施进卿事，因为太注重文字简练，于是记事方面反不免有模糊之感。如关于施进卿，巩珍所记与永乐五年下西洋混淆不清，即其一例。巩珍书多取材于马欢《瀛涯胜览》"旧港"条，而马欢书较为清楚。可参阅《瀛涯胜览》"旧港"条。

土产金银香、黄速①香、降真香、沉香、鹤顶、黄蜡之类。其金银香如中国银匠所用黑胶，中有白块如蜡，白多黑少者为上，黑多白少者次之。此香气烈，触鼻熏脑，西番并锁俚人甚爱之。其鹤顶之鸟大如鸭形，黑毛颈尖嘴。脑骨厚寸余，外红内黄如蜡，娇润可爱。其嘴之尖极红，但作腰带钩环。锯解脑骨作坯，却刮取嘴尖之红，贴为花样，以烧热铁板钳合成块，任意制造，亦可作刀靶挤机之类。又产火鸡、神鹿。其火鸡大如鹤，圆身长颈，尖嘴高脚。颈比鹤长，有软冠二片如红绢子，生于颈中。脚如铁黑，能爪人破腹出肠。或以杖之，卒莫能死。食炊炭，因名火鸡。神鹿大如巨豕，高三尺许，前半体黑，后半体白，毛色可爱。蹄与喙皆如豕，蹄有三跲而喙不尖。食草木，不茹腥秽②。其他牛、羊、猪、犬、鸡、鸭、蔬菜、果，皆与爪哇同。

人喜博戏，如奕棋把龟斗鸡，皆赌财物。行市交易用中国铜钱并布帛之类。其王亦采方物赴中国进贡。

① “速”，原本作“莲”，此与下“暹罗国”条之“黄连香”，俱是“黄速香”之误，因为改正。
② 神鹿或谓即 tapir，日本译作“貘”，与《尔雅》之“貘”不同。

暹罗国

暹罗国，自占城开舡向西南行，顺风七昼夜，至新门台海口入港，方到其国。地周千里。外山崎岖，内地卑湿。其土瘠。气候不正，或寒或热。王居屋颇华丽整洁。民庶房屋如楼，上用横榔木硬木①劈如竹片密铺，用藤扎缚甚坚，上铺藤席竹簟，坐卧食处皆在其上。

王者用白麻布缠头，上不着衣，下围丝嵌手巾，加以锦绣压腰。出入骑象或乘轿，一人执伞盖。伞以茭蕈叶制造，甚好，以金饰柄。其王锁俚人，崇信释教。国中为僧尼极多。僧尼服色与中国颇同，亦住②庵观，受戒持斋。国王谋议刑罚，下民买卖交易，一应巨细事皆决于妻。其妇人才识亦果胜于男子。若其妻与中国男子情好，则喜曰："我妻有美，能悦中国人。"即待以酒饭，或与同坐寝不为怪。男子栉髻用白布缠头，身衣长衫，妇人亦椎髻衣长衫。凡男子年二十余，随贵贱以金银为珠嵌饰阳物，女子嫁则请僧迎男至女家，僧取女红为利市，点男女额，然后成亲。亦甚可笑③。过三日又请僧及诸亲友分槟榔彩舡等物迎妇，男家置酒作乐。死丧之礼，富贵者死，则用水银灌腹中而葬之。其余则舁尸至海滨，有鸟大如鹅，其色如黄金，凡三五十自空飞下，食其肉而去，余骸弃海中，名曰"鸟葬"。亦请僧诵经礼佛。

① 横榔木即桃榔木，学名 Sargus Rumphii，亦名铁木。《瀛涯胜览》"暹罗国"条此处作"槟榔木"。槟榔木学名 Areca Catechu，与桃榔木不同。

② "住"原本作"往"，据《瀛涯胜览》"暹罗国"条改。

③ 元周达观《真腊风土记》载真腊有此俗，名曰"阵毯"。《瀛涯胜览》"暹罗国"所记与此同，又见于以后王圻《三才图会》。然今柬埔寨、泰国一带并无此俗，盖亦俗语不实，流为丹青者耳。

去国西北二十余里^①有市镇名"上水",可通云南后门,番人五六百家。但有诸色番货皆出卖红马厮肯的石,此石在红鸦鹘石肩下,明净如榴子。中国宝舡到,亦遣小舡到上水买卖^②。

其国土产黄速^③香、罗斛香^④、沉香、降香、花梨木、白荳蔻、大风子、血结^⑤、藤结、苏木、花锡、象牙、翠毛等物。其苏木贱如柴薪,且颜色绝红,胜他国所出者。又产白象、白鼠、狮、猫等异兽。其蔬果与占城同。牛、羊、鸡、鸭俱有。酒有米酒、椰子酒,俱烧卖。国语似广东乡音。民俗嚣淫,好习水战,常讨伐诸邦。交易以海𧵅当钱使。王遣常修□□降真香等物进贡^⑥。

① 《瀛涯胜览》"暹罗国"条"二十余里"作"二百余里"。

② 上水今地无考。或谓即《蛮书》之"大银孔"。

③ "速",原本作"连",兹改正,说见上"旧港"条注②。

④ 《瀛涯胜览》"暹罗国"条作"罗褐速香"。

⑤ 《瀛涯胜览》"暹罗国"条作"血竭"。

⑥ 原本此语有讹脱,不甚可通。《瀛涯胜览》"暹罗国"条作"其王每差头目将苏木降香等宝进贡中国"。

满剌加国

满剌加国，自占城开舡向西南行，好风八日到龙[1]牙门[2]。入门西行二日可到。此处旧名"五屿"，无国王，只有地主，受暹罗节制，岁输金四十两[3]，否则加兵。永乐七年己丑岁钦奉上命遣使往谕诸番[4]，到于本处，宣布诏旨。特恩赐其地主以双台银印冠带袍服，主国封王，建城竖碑。遂与诸番为敌体，而暹罗莫敢侵犯。

其地东南是海，西北是老岸连山，大概沙卤之地，田瘦谷薄。气候朝寒暮热。有一大溪□红王居前过□入海[5]，王于溪上建立木桥，桥上造亭二十余间，诸货买卖皆集于此。

王及国人[6]皆从回回教门。王用细白番布缠头，身衣细花布如袍长，足以皮为鞋。出入乘轿。国人男子方帕包头，女撮髻脑后。身体微黑，下围白布并各色手巾，上衣色布短衫。风俗淳朴。居屋如楼，各有层次。每高四尺许，即以椰木劈片，藤扎缚如羊棚状，连床就榻，盘膝而坐，厨灶亦在其上。

人多以渔为业。用独木刳舟泛海取鱼。少耕种。土产黄速香、打麻儿

---

① 原本无"龙"字，据《瀛涯胜览》"满剌加国"条补。

② "龙牙门"指新加坡海峡。

③ "岁输金四十两"，《瀛涯胜览》"满剌加国"条同，王宗载《四夷馆考》卷上"满剌加"条作"五千两"。

④ 《瀛涯胜览》"满剌加国"条作"上命正使太监郑和等"云云。

⑤ 原本此句有讹脱。《瀛涯胜览》"满剌加国"条作："有一大溪河水下流从王居前过入海。"则此处原文疑："有一大溪河水王居前过入海。"

⑥ "人"原本作"王"，据《瀛涯胜览》"满剌加国"条改。

香^①、乌木、花锡之类。打麻儿香乃一种树脂，流入于土，掘出如沥青，可以点灯及涂舡不漏。土人多采取卖之，他国亦贩去。间有明净土如金珀，番名"损都卢厮"^②，或碾成帽珠而卖，所谓"水珀"是也。花锡有二山场出产，王令头目主之，遣人淘铸成块如斗状输官。每块官秤重一斤八两或一斤四两者，每十块用藤缚一把，四十块为一大把。通市交易，皆以此物。

国语并书记及婚丧之礼颇与爪哇同。

山野有树名"沙孤"^③，乡人取其皮捣浸澄滤成粉丸绿豆大晒干名"沙孤米"，卖与人做饭。洲渚边有木草名"茭葦"^④，叶长如刀茅，厚如笋壳，柔软坚韧。结子皮匐如荔枝，实如鸡子，土人取其子酿酒饮之，能醉人。或取其叶织成细簟阔二尺长丈余出卖。果有甘蔗、芭蕉、波罗蜜、野荔枝之类。蔬有葱、蒜、姜、芥、东瓜、西瓜。牲畜有牛、羊、鸡、鸭，不广，其价亦贵，水牛一头卖银一斤以上。驴马皆无。近海有龟龙伤人。龟龙高三四尺，鳞甲被身如刺，龙头棘牙，遇人则齿出。黑虎似虎而小，毛黑有暗纹。亦有黄虎，其虎能变幻入市中，混人而行。有识者即擒之，其怪与占城尸头蛮同。尸头此处亦有之。

中国下西洋舡以此为外府，立摆栅^⑤墙垣，设四^⑥门更鼓楼。内又^⑦立重城，盖造库藏完备。大艅宝舡已往占城、爪哇等国，并先艅暹罗等国回还舡只，俱于此国海滨驻泊，一应钱粮皆入库内□贮。各舡并聚，又分艅次前后诸番买卖以后，忽鲁谟厮^⑧等各国事毕回时，其小邦去而回者，先后

---

① "打麻儿"为马来文 damar 对音。
② "损都卢厮"为 sindarus 对音。
③ "沙孤"为 sagu 之对音，即沙谷米，亦作"西米"或"西谷米"。
④ "茭葦"为马来文、爪哇文 kajang 对音，产于南洋一带。
⑤ 《瀛涯胜览》"满剌加国"条作"排栅"。
⑥ "四"原本作"西"，据《瀛涯胜览》"满剌加国"条改。
⑦ "又"原本作"石"，据《瀛涯胜览》"满剌加国"条改。
⑧ "忽鲁谟厮"为 Hormuz 对音，地在波斯湾头，下有专条。

迟早不过五七日俱各到齐。将各国诸色钱粮通行打点，装封仓艊①，停候五月中风信已顺②，结𦨭回还。其国既受皇恩深重，其年乃携妻子赴阙谢恩。又赐造完大舡令其乘驾归国守土。自前至今岁方物不缺进贡。

① "艊"，字书无此字。《瀛涯胜览》"满剌加国"条记此作"打整番货装载船内"。所谓"装封仓艊"，应即此意。

② 印度洋及亚洲南部季候风，夏季为西南风，冬季为东北风。郑和下西洋来回必须赶顺风，所以自本国发舶俱为冬季，而归国须等夏季。此处之"五月中风信已顺"，意即指夏季西南风而言也。

哑鲁国

　　哑鲁国[①]，小邦也。自满剌加国开舡，好风行四昼夜可到其国。有淡水港，先入港然后到国。南是大山，北大海，西连苏门答剌国界。东有平地，种收早稻[②]，粮食不缺。

　　王及国人皆回回。人民以耕渔为业。风俗淳朴。国婚丧等事皆与爪哇、满剌加国相同。

　　货物稀少。土产黄速香、金银香之类。及山林中出飞虎，大如猫，皮毛灰色，有肉翅生连前后足，如蝙蝠状，能飞不远。此物不服家食，获即死。出绵布，番名"考泥"。并米谷牛羊甚广，鸡鸭亦多。乳酪多有卖者。

① "哑鲁"为 Aru 对音。
② "早稻"，《瀛涯胜览》"哑鲁国"条作"旱稻"，疑以"旱稻"为是。

苏门答剌国

苏门答剌国，即古须文达那国也[1]。其国乃西洋总路头。舡自满剌加国向西南行[2]，好风五昼夜先到海滨一村，番名"答鲁蛮"泊舡，往东南行十余里即王国。其国无城郭。有一大溪通海，每日二潮，其海口浪大常覆舡。本国南去百里乃大深山，北临大海，东亦大山，至阿鲁国界。正西边海。其地有二小国相连，先至那孤儿界[3]，次至黎代界[4]。先是苏门答剌国王被那孤儿王侵掠，中药箭死，其子幼小不能复仇。王妻下令曰："有能复夫仇保全此土者，吾愿与为妻，共主国事。"有一渔翁奋前曰："我能克之。"遂杀败那孤儿王，其众退伏不敢动[5]。王妻遂嫁渔翁，称为老国王，政事地赋悉听[6]老王裁制。永乐七年老王入贡中国，十年还。前王子长成，阴与部属合谋，杀老王而取其国。老王子苏干剌[7]挈家逃入山，立寨以居，时率众复父仇。永乐十三年太监正使等到，为发兵擒获苏干剌送京[8]，王子位始固，

---

① 此处之"苏门答剌国"，指苏门答剌岛西北角之古国而言，非指苏门答剌全岛。"须文达那"见于《岛夷志略》，名"须文答剌"。

② 苏门答剌岛西北角，自满剌加去应是向西北行，而此书与《瀛涯胜览》俱误作"西南行"，不知何故。

③ "那孤儿"为 Nakur 对音，下有专条。

④ "黎代"为 Litai 对音，下有专条。

⑤ 《瀛涯胜览》"苏门答剌国"条记此谓"那孤儿王被杀"。

⑥ "听"原本作"敢"，兹据《瀛涯胜览》"苏门答剌国"条改正。

⑦ "苏干剌"为 Sekandar 对音，长乐南山寺碑作"苏翰剌"。

⑧ 苏干剌被俘送京，《瀛涯胜览》"苏门答剌国"条作"明正其罪"，张燮《东西洋考》卷四"哑齐"条作"俘至京伏法"。

以此感恩义，常贡方物。

其国四时气候不齐，朝热如夏，暮寒若秋，五七月间亦有瘴气。田土不广，惟种早稻①，一年二熟。大小麦俱无，土产硫磺。其出硫磺处草木不生，土石皆焦黄。山居人多置园种胡椒。此椒蔓生，花黄白，结子成穗，嫩青老红。候半老时采择晒干卖之，凡椒粒虚大者此处椒也。每官秤一百斤卖金钱八个，直银一两。果有芭蕉、甘蔗、莽吉柿、波罗蜜之类。又有一种臭果，番名"都尔乌"②，状如鸡头，长八九寸，皮生尖刺。及熟有瓣裂开，气如臭牛肉。内有肉十四五块，大如栗，其白如酥，甜美可食。肉中有子，炒食如栗。柑橘甚多，四时皆有，状与洞庭狮柑绿橘同，其味不酸，可以久留不腐。又一种酸子，番名"俺拔"③，大如消梨而长，色绿气香，削皮而食之酸甜，有核大如鸡子。桃李等果俱无。蔬有葱、蒜、姜、芥。冬瓜至广，亦可以久留不腐。西瓜绿皮红子，有长一二尺者。人家多畜黄牛，乳酪多。羊皆黑无白者。鸡无线者④，其大者重六七斤，煮易烂，味美。鸭有五六斤者，其掌扁大。人家亦养蚕缲丝，不能治绵。

其国风俗⑤淳厚。语言、衣服、婚丧等事，皆与满剌加国相同。其民居屋如楼，上不铺板，但以椰子或槟榔木劈成条片，以藤扎缚，即铺藤簟，就上居处。高处亦布栏栅。

此处是总路头，所以番舡多经，物货皆有。王以七成淡金铸钱名"底那儿"⑥，圆径官寸五分，底面有纹，官秤重三分五厘。国中使用。买卖则用锡钱。

---

① "早稻"，《瀛涯胜览》"苏门答剌国"条作"早稻"。说见本书"哑鲁国"注。

② "都尔乌"原本作"那尔乌"，《瀛涯胜览》"苏门答剌国"条作"赌尔乌"，此即马来语 durian 对音。则"那"字必为"都"字之误，因为改正。"乌"字又有作"焉"者。durian 即今南洋华侨所称之"留连果"。

③ "俺拔"为 amba 一字对音。俺拔即芒果（mango, mangga），"俺拔"为北印度称呼芒果之名，传至于此也。

④ 线鸡即阉过之鸡。

⑤ 原本无"俗"字，据《瀛涯胜览》"苏门答剌国"条补。

⑥ "底那儿"为 dinar 对音，波斯文、阿拉伯文俱用此字称金币。

那孤儿 小邦

那孤儿，小邦也。在苏门答剌国西北方，不广，只一大山村，人民千余家。其地与苏门答剌国相连。凡其人皆于面刺三尖青花为号，所以其王又呼为花面王。田少人多，以陆种为生。米谷稀少，猪、羊、鸡、鸭皆有。语言动用皆与苏门答剌国相同。无他出产。

黎 代 小邦

黎代亦小邦也。又在那孤之西。其地南距大山，北临大海，西连南浡里国界^①。国人一二千家，自推一人为主，以主国事，受苏门答剌国节制，语言服用亦与苏门答剌国相同。土无所出，只出野犀牛，王亦遣人采捕。随苏门答剌国进贡。

① "南浡里"为 Lambri 对音，见下。

南浡里国

南浡里国，自苏门答剌国正西依山行，好风三昼夜可到。其国边海，人民只有千余家，皆回回，人甚朴实。地方东接黎代王界，西北皆临大海，南距大山，山南又大海。王亦回回人。王居屋用木，木高三四丈如楼起走楼，下纵牛羊牲畜往来。楼上四面用板，装修甚洁净，坐卧食处皆在其上。庶民居屋与苏门答剌国同。

其处黄牛、水牛、山羊、鸡、鸭皆有，鱼虾贱，蔬菜稀少，米谷贵。铜钱使用。山产降真香，至好，俗呼"莲花降"。并出犀牛。

国之西北海中有一大平顶高山名"帽山"，半日可到。山西大海即西洋也[①]。番名"那没嚟洋"[②]，凡西洋过来舡俱收此山为准。其山边约二丈许，有海树生浅水中名曰"珊瑚"，其树大者高二三尺，根如拇指大，其黑如墨，其润如玉，稍上桠枝婆娑[③]可爱。土人以为宝，或碾成珠及器物卖之。

帽山脚下亦有居人二三十家，皆自称为王，若问其姓名，则曰"阿孤剌楂"[④]，盖云我便是王也。或问其次，亦曰"阿孤剌楂"，可笑也。属南浡里国。其南浡里国王尝亲赍土产珍异，随宝舡朝贡中国。

[①] "西洋"之名起于元代，元汪大渊《岛夷志略》中屡及西洋、西洋布可证。

[②] "那没嚟"，亦即"南浡里"，俱为 Lambri 对音。自此以西为西洋，即印度洋也。张燮《东西洋考》卷五"文莱"条又以今婆罗洲为东洋尽处，西洋所自起云云。是其所言西洋除印度洋外，尚包括一部分南海在内。

[③] "婆娑"原本作"娑娑"，据《瀛涯胜览》"南浡里国"条改正。

[④] "阿孤剌楂"，《瀛涯胜览》"南浡里国"条作"阿菰喇楂"，即马来文 Aku Raja 对音。

锡兰国

锡兰国[①]，自南浡里帽山放洋，好东北风，三日见翠蓝山[②]三四座，惟一山最高大，番名“按[③]笃蛮山”[④]。此处人皆巢居穴处，男女赤体如禽兽然，无寸衣着肤。相传昔释迦佛过海，于此登岸，入水澡浴，土人偷佛衣而藏之。佛咒土人，故至今皆赤体，谓寸布着身即身烂。此谓裸形国也。

其土不产米谷，人惟食山芋、波罗蜜、芭蕉子之类，或海中捕虾鱼而食之。

过此正西舡行七八日见莺哥嘴山，又三两日见佛堂山[⑤]，始到锡兰国马头，番名“别罗里”[⑥]，泊舡登岸。海边山脚石上有足迹长二尺许，云是释迦佛自翠蓝[⑦]山来就此登岸，足迹存焉。中有浅水不干，人就蘸水洗面目。其左有佛寺，乃佛涅槃处，寺内佛卧尚存，寝座皆用诸宝石嵌沉香木为之，极华丽。及有佛牙并活舍利子等物在堂。

北去四五十里始到王居。王亦锁里人，崇信佛教，敬象及牛。人以牛粪烧灰涂身。人不敢食牛而食其乳。牛死即埋之，若私宰牛者其罪死，或纳牛头金以赎其罪。王之所居，每早国人皆以牛粪调水遍涂屋上地下，然

---

① “锡兰”，宋赵汝适《诸蕃志》卷上“细兰国”条作“细兰”，《宋史》又作“悉兰”“西兰”，皆阿拉伯文 Silan 对音，即今 Ceylon 是也。

② “翠蓝山”，《星槎胜览》作“翠蓝屿”，即指 Nicobar 群岛而言。

③ “按”原本作“桉”，据《瀛涯胜览》“锡兰国”条改。

④ 按笃蛮山即 Andaman 群岛，在翠蓝山北，此混为一谈。

⑤ 佛堂山即 Dondra Head，在锡兰岛之南端。

⑥ 冯承钧云，“别罗里”或谓是距 Galle 十三哩之 Belligamme，一说以为在 Colombo 或其附近，尚无定论。

⑦ “蓝”原本作“兰”，今据本书上文及《瀛涯胜览》《星槎胜览》“锡兰国”条改。

后拜佛。其拜以两手舒前两脚伸后，胸腹著地而拜。

近王居有一大山①，高入云表。上有人右脚迹入石，深二尺许，长八尺余，云是人祖阿聃②足迹。人祖华名"盘古"。此山出红雅胡、黄雅胡、青米蓝石、昔剌泥、窟没蓝等诸宝石。每大雨冲出沙土中，寻拾则有。彼人云乃人祖眼泪结成。又其国海中有雪白浮沙一所，出螺蚌，产珠，日照之光彩横发。王因别为珠池，每三年或二年取沙上螺蚌入珠池养之，令人看守淘珠纳官。亦有窃取而卖者。

其国地广人稠，亚于爪哇。民甚富饶。男子上皆赤体，下围丝手巾，加以缠腰。浑身毫毛皆长剃，只留发，用白布缠裹。父母死则发毛不剃以为孝礼。女人髻撮脑后，下围白布。儿生皆剃头，女则不剃，就养胎发至长。其饭食皆不缺酥乳，亦以酥沃方食。若无酥乳，则自食于暗处。槟榔扶蔺叶昼夜不绝口。

出米谷麻豆，无麦。所用酒油饭皆以椰子造。所产果有芭蕉、波罗蜜。菜有瓜、茄。牲畜有牛、马、鸡、鸭，无鹅。

但人死则聚邻妇女以两手拍胸乳，号叫为礼。尸皆火化，骨则土埋。

王以金为钱使用。每钱官秤重一分六厘。甚爱中国麝香、纻丝、色绢、青磁盘碗、铜钱，就以宝石珍珠易换。王常遣使随宝舡方物进贡中国。

---

① 此即锡兰阿聃峰（Adam's Peak）。

② "聃"字原本误作"晡"，据《瀛涯胜览》"锡兰国"条改正。

小葛兰国

小葛兰国①，自锡兰国马头别罗里开舡往西北行，好风六昼夜可到。其国边海，东大山②，西大海。南北地狭亦临海。王及国人锁俚人。崇信释教，敬象及牛。婚丧诸事与锡兰国同。

土产苏木、胡椒，但不多。果菜皆有。牛羊颇有。羊毛青，脚高二三尺，黄牛有重三四百斤者。人日二餐，皆以酥油沃饭。王以金铸钱行使。用钱官秤重一分。虽小邦亦修贡献。

① "小葛兰"，《星槎胜览》作"小唄喃"，《星槎》尚有大唄喃国，皆为 Kulam 或 Quilon 对音。地在今印度西海岸南部。
② 此处之大山指 Ardamon Hills 山脉。

柯枝国

柯枝国[①]，自小葛兰国开舡，沿山向西北行，好风一昼夜到本国港口泊舡。其国东大山[②]，西大海，南北亦海。有陆路可往邻国。王锁俚人，头缠黄白布，上不着衣，下围纻丝手巾，又加颜色纻丝一匹为压腰。其头目及财主服用颇与王者同。屋用椰木造及用椰叶编盖。各以砖砌土库收藏细软诸物以防火盗。

国人有五等。一等名[③]"南毗"[④]，与王同类，中有剃头挂线在颈者最为贵族。二等回回人。三等名"哲地"[⑤]，乃是国中财主。四等名"革令"[⑥]，专为牙保。五等名"木瓜"[⑦]，最卑贱。木瓜居住俱在海滨，屋檐不得过三尺。着衣上不过脐，下不过膝。路遇南毗、哲地，皆俯伏候过乃起。不许为商贾，只以渔樵及抬负重物为生。

国王崇信佛教。敬象及牛。建造佛殿，以铜铸象，以青石为座，周遭为沟，傍凿井，每早起鸣钟鼓，汲井浇佛顶三，罗拜而退。又一等人名"浊肌"[⑧]，即道人也。有妻室。浊肌出母胎即不剃发，亦梳篦，以酥油等物搓发成缕，拖披脑后。人以黄牛粪烧白灰，遍涂身体上下。俱无衣服，只以大如指黄

---

① 柯枝即今 Cochin，地在印度西海岸，当小葛兰之北。

② 此与小葛兰同一山脉。

③ "名"字原本作"与"，据《瀛涯胜览》"柯枝国"条改正。

④ "南毗"，他书又作"南昆"，语源亦未能定。

⑤ "哲地"即 chitti 对音。

⑥ "革令"乃是 kling 对音，通行于南印、马来一带，专指买卖人而言，下所云"专为牙保"是也。

⑦ "木瓜"为 mukuva 对音。

⑧ "肌"字，《瀛涯胜览》"柯枝国"条作"腾"，为 Yogi 对音，即瑜伽师也。

藤绕腰重缚至紧，末垂白布为饰。白昼吹海螺而行。其妻略以布遮蔽前后随之。每到人家则与钱米诸物。

此地气候常暖如夏，无霜雪。每岁二三月夜雨一二番，五六月日夜大雨，街市成河，七月尽雨信始过①，八月半以后再不雨。人家于二三月间即修置房屋，备具食用，以防雨患。至次年二三月又雨如初。

土无出产，人惟种椒为业。每椒熟，大户即收买置仓盛顿，以待各处客商。椒以"播荷"②论价。每播荷该二十五封③刺④，该番秤十斤，较中国官秤该十六斤。一播荷共该官秤四百斤，彼处卖金钱一百个或九十个，直银五两。名"哲地"者专收买宝石珍珠香货，以待中国宝船及各处番舡。珍珠⑤以分数论价，每颗重三分半者，彼处卖金钱一千八百个，直银一百两。珊瑚连枝柯者以斤论价，做成珠者以分论价。哲地多收买珊珊枝柯，雇匠制造成珠，论分两卖。王以九成金铸钱行使，名曰"法喃"⑥，官秤重一分一厘。又以银为钱名"答儿"⑦，大如海螺靥⑧，官秤重四厘。每金钱一个倒银钱十五个，街市零用。

国人婚丧各依本类，礼制不同。

国中出产米、粟、麻、豆、黍、稷，无麦。牲畜则有象、马、牛、羊、犬、猫、鸡、鸭，无驴及鹅。

国王遣使贡献中国。

---

① 原本"过"字空白，兹据《瀛涯胜览》"柯枝国"条补入。

② "播荷"为 bahār 对音，系通行于印度、马来一带的一种计算重量名称。其重量亦因地而异，一般约等于四百磅。

③ "封"字原本误作"姑"，据《瀛涯胜览》诸书改。

④ "封刺"，《瀛涯胜览》"古里国"条作"番刺失"，皆是 frasila 的对音。伯希和谓黄省曾、张升书俱作"法刺失"，即"番刺失"另一写法。又一播荷等于二十五封刺，一封刺该中国官秤十六斤，故一播荷等于中国官秤四百斤。而《纪录汇编》本《瀛涯胜览》"柯枝国"条作"每一播荷该二百五十封刺"，是合中国官秤四千斤矣。应以此书为准。

⑤ "珠"字原本误作"珍"，据《瀛涯胜览》"柯枝国"条改。

⑥ "法喃"为 fanam 对音。

⑦ "答儿"为 tar 对音。

⑧ "靥"字原本误分为"靥面"二字。

古里国

古里国 ①，此西洋大国也。从柯枝国开舡往西北行三日可到。其国边海山远，东通坎巴夷国 ②，西临大海，南连柯枝国，北临狠奴儿国 ③。永乐五年 ④，朝廷遣正使乘大艑，赍宝诏，敕谕，赐其王诰命银印及诸头目冠服等物有差。遂立石为记，谓曰："中国相去十万余里，民物熙暤同风。" ⑤

其国亦有五等，名回回、南毗、哲地、革令、木瓜。王南毗人，其头目皆回回人。云先王尝与回回言："誓不食牛则不食猪。"至今尚然。王信佛教，敬象及牛。盖佛殿以铜瓦，及以铜铸佛，象乃纳儿 ⑥。掘井于佛像之傍，每早王自来汲水浴佛礼拜。又每夜令人收取黄牛粪，以铜盘装盛，早晨和水洒涂佛殿地上及各墙壁。王家并头目及诸富家皆如此敬佛。又烧牛粪为细白灰，用好布为袋装盛。每早盥洗毕，以此灰调水涂额并鼻准及两股间各三次方才见佛。以此相传。又昔有圣人名"某

---

① 古里即今 Calicut，印度西海岸一大城也。

② 坎巴夷国，旧谓即今马打拉萨省之 Coimbatore，古名 Koyampaeli。今按当即 Cambay。

③ 狠奴儿国，伯希和以为即今 Honore, Honāvar。

④ 为一四〇七年。

⑤ 古里立石各书所记文字俱有出入。《纪录汇编》本《瀛涯胜览》"古里国"条作："去中国十万余里，民物熙暤，大同风俗，刻石于兹，永乐万世。"似乎脱字出韵不一而足。明万历时罗懋登所著《三宝太监西洋记通俗演义》卷十三第六十一回载有古里国所立石碣铭文作："此去中国，十万余程。民物咸若，熙暤同情。永示万世，地平天成。"云云。似《西洋记》所记较为近真。

⑥ "乃纳儿"不知何义。

些"①，乃②真天人，立教化于此地。其圣人因往他国，令弟撒没嘚③摄教。其弟心起矫妄，铸铜为犊，诈曰："此圣主也。若能崇敬，当日粪金以酬。"其人贪得金而忘天道，因此皆敬牛为重。及某些圣人回国，怪弟忘，乃废其牛，欲罪，其弟即乘一大象遁去。至今国人悬望撒没嘚回，如月初则言月中必至，及月中又言月终必至。南毗人敬象及牛，盖以此也。

王以二头目掌国事。头目回回人，多奉其教。礼拜寺有二三十所，七日一礼拜。至日，男子大小俱斋沐不治事，巳午时同到寺礼拜，未时回家，方敢交易。其人状貌俊伟，亦甚诚信。中国宝舡一到，王即遣头目并哲地及米纳凡④来会。其米纳凡乃是本国书算手之名，牙侩人也。但会时先告以某打价。至期将中国带去各色货物对面议定价值，书左右合契，各收其一。哲地乃与坐舡内臣各相握手。米纳凡言过吉日，就中指一掌为定，自后价有贵贱，再不改悔。以后哲地并富户各以宝石、珍珠、珊瑚来看。惟是议论价钱最难，疾则一月，徐则两三月方定。如某宝石若干该纻丝某物货若干，即照原打手价无改。其算盘只以两手两足十指计算，毫发无差。

国王以六成金铸钱名"吧南"⑤行使。每钱中国官寸⑥三分八厘，面底有纹，该官秤一分。又以银为小钱名"搭儿"⑦零使，每银钱重三厘。其番秤名"法剌失"⑧，权钉衡末，准则活动，衡正中为定盘星。秤物

① "某些"即指 Musa, Moses。
② "乃"字原本作"及"，以意改。
③ "撒没嘚"为 Al-samêri 对音。
④ "米纳凡"，《瀛涯胜览》"古里国"条作"未讷几"，荷兰戴闻达疑为 Waligi chitti 对音，顾亦不敢决定。
⑤ "吧南"即本书"柯枝国"条之"法喃"。
⑥ "寸"字原本作"秤"，据《西洋朝贡典录》卷下"古里国"条改。《典录》此条注云："径官寸三分八厘。"语意甚明，盖指每个吧南金钱直径大小而言也。
⑦ "搭儿"即本书"柯枝国"条"答儿"。
⑧ "法剌失"即"番剌失"，即"封剌"，见上"柯枝国"条注。

· 31 ·

则移准向前。番名秤一钱该中国官秤八分；十六钱为一两，该官秤一两二钱[1]八分；二十两为一斤，该秤一斤九两六钱。其秤只可秤十斤，该官秤十六斤。若以称胡椒二百五十斤为一播荷，该官秤四百斤。称香货二百斤为一播荷，该官秤三百二十斤。衡法多是天平对秤，法无要妙。量法官铸钱为升，名"党戛黎"，较中国官斗斛每升该一升六合二勺。

西洋布本国名"撦黎布"，出于邻境坎巴夷等处，每匹阔四尺五寸，长二丈五尺，彼处卖金钱八个或十个。国人亦以蚕丝练织各色间道花手巾，阔四五尺，长一丈二三尺有余，每手巾卖金钱一百个。其山乡人多置园种胡椒，十月椒熟，俱采摘晒干，自有大户收买送官库，官与发卖，每一播荷卖金钱二百个，见数税钱。其哲地财主多收买各色宝石珍珠，并做珊瑚珠等，遇各处番舡到，王遣头目并计算人来，眼同发卖，亦收税钱。

富家多种椰子，或千株或二三百株，以此为产业。云椰有十用：嫩者有浆可饮，又可酿酒，老者肉可打油，或做糖与饭，其外皮穰可打索造舡，壳可为碗为酒钟，又可烧灰厢金银细巧生活，树可架屋，叶可盖屋。此十用也。蔬菜有萝卜、姜、芥、葱、蒜、芫荽、葫芦、茄子、菜瓜、东瓜，四时皆有。又有一种小瓜，仅如小指大，长二寸许，味如青瓜。其葱紫皮细叶，本大如蒜，卖则称斤。芭蕉子波罗蜜多有卖者。木别[2]子树高十余丈，结实如大绿柿，内有子三四十，熟则自堕。其蝙蝠大如鹰，皆于此树倒挂而栖。米有红白二色。麦大小俱无，他处贩麦与麨[3]来用。有鸡、鸭无鹅。羊脚高如驴之驹，色灰。水牛不甚大，黄牛有三四百斤者。

---

① "二钱"二字原本脱去。据本文一钱为中国官秤八分计算，番秤十六钱为一两，折合中国官秤得一两二钱八分，此作一两八分，应脱"二钱"二字，《瀛涯胜览》"古里国"条正作"一两二钱八分"，因为补入"二钱"二字。

② "别"字，《西洋朝贡典录》卷下"古里国"条作"鳖"。木鳖子亦称"木蟹"，学名作Momordica Cochinchinensis。

③ "麨"字音"讪"，义为饼曲。

牛死则埋之。人不食牛肉，只食乳酪酥油，无酥油废食饭。各色海鱼极贱。兔、鹿亦有卖者。禽有孔雀、鹭鸶、乌鸦、鹰、燕。孔雀人家多有养者。其他飞鸟俱无。

婚丧之礼，锁俚人、回回人各以类。亦有衍衍①，能弹唱，以葫芦壳为乐器②，红铜丝为弦，唱番歌相和而弹唱，甚有音韵可听。国王位不传子，传与外甥。若王无姊妹，则传于弟，无弟则传与有德之人。世代相仍如此。国法无鞭笞之刑。轻则截手断足，重则罚金诛戮，甚则抄封灭族。人犯法到官则称冤。不伏者则于王前或大头目前，以铁锅煮油令滚，先以树叶爆裂有声，乃命其人以右手二指浸滚油内片时取出，用布包裹封记，监留在官。过三日聚众开封视之。若手溃烂则不枉，遂加以刑。其不烂者，则头目人等以鼓乐送此人回家。诸亲邻友皆贺，相与饮酒作乐。

国王其年以赤金五十两令匠抽丝如发，结绾成片，以各色宝石珍珠厢成宝带一条，遣头目乃那③进贡中国。

---

① "衍"原本误作"衍"，今改正。"衍衍"音"行院"，即乐人也。

② "器"字原本无，据《瀛涯胜览》"古里国"条补。

③ 《瀛涯胜览》"古里国"条作"乃邦"。

溜山国

溜山国[1]，自苏门答剌国开舡，过小帽山，投西南行，好风十日可到。其国番名"傑干"。无城郭，倚山聚居。四面皆海，即如洲渚状。国之西去，途程不等，有天生石门海中状如城阙。有八大处，曰沙溜，曰人不知溜，曰起来溜，曰麻里奇溜，曰加半年溜，曰加加溜，曰安都里溜，曰官坞[2]溜。此八处者皆有地主而通商贾。其余小溜尚有三千余处，水皆缓散无力，舟至彼处而沉，故行船谨避，不敢近此经过。古传弱水三千，即此处也。其人皆巢居穴处，不着衣衫，只以树叶遮蔽前后。平生不食米谷，惟于海中捕鱼虾而食之。行舡者或遇风水不顺，舟师针舵有失，一落其溜，遂不能出。大概行舡，谨防此也。

其傑干国王臣庶皆回回人[3]。风俗淳美，悉遵教门行事。人皆以渔为生。多种椰子树。男女裸体微黑，男子白布缠头，下围手巾。女子上着短衣，下亦以阔布手巾围之，又用阔大手巾过头盖下，只露其面。婚丧之礼依教门行。

土产降香不多。惟椰子广，他国皆来贩卖。有等小样椰子，土人将壳旋酒钟，以花梨木为足，用番漆其口足甚美。椰子皮穰打成粗细索，收积盈堆，

---

① 溜山国即今马尔代夫群岛 Maldive Is。

② 《瀛涯胜览》"溜山国"条作"官瑞溜"，《星槎胜览》《西洋朝贡典录》"溜山国"条作"官屿"。

③ 马尔代夫群岛据一九三一年调查，全部人口七万九千人，几全为回教徒。

各处番舡皆贩去卖与造舡[①]等用。盖番人造舡不用铁钉，止钻孔，以椰索联缚，加以木楔，用沥青涂之至紧。出龙涎香，渔者溜中采得，状如浸沥青，嗅之不香，焚有鱼腥气。价高以银对易。出海𧴩[②]，土人采积如山，堆罨待肉烂取壳，转卖暹罗、榜葛剌国代钱使。出马鲛鱼[③]，土人将其鱼切如臂大，淡晒至干，盈仓收贮。他国多贩去，名曰"溜鱼"。又出一等丝嵌手巾，长阔而加实密，胜他处所出者。又出一等织金方帕，男子可缠头，其价有卖银五两者。气候长热如夏。土瘦，米少麦无。蔬菜不广，牛羊鸡鸭皆有，余无所产。王以银铸钱使用。中国宝舡亦一二往彼，收买龙涎香、椰子等物。乃一小邦也。

① "舡"字原本作"成"，据《瀛涯胜览》"溜山国"条，此处作卖与别国造船等用，则本书"成"字必是"舡"或"船"字之误，因照下文改为舡字。
② "海𧴩"，本书后"榜葛剌"条云番名"考嘮"，即 kauri 对音。明代不仅暹罗、榜葛剌以海𧴩代钱行使，我国云南亦尚行使海𧴩也。
③ 马鲛鱼或谓即 bonito。

祖法儿国

祖法儿国^①，自古里国开舡，投西北行，十昼夜可到。其国边海倚山，无城郭，东南大海，西北重山。王及国人皆奉回回教门。人体长大，貌壮语朴。王者以白细布缠头，身着青花长衣，细丝嵌圆领，或金锦衣袍，足着番靴，或皮为鞋。出入乘轿骑马，前后摆列象驼马队牌手，吹筚篥、锁纳^②，拥从而行。民下亦缠头衣长衣，着靴或鞋。如遇礼拜日，上半日市绝交易。男子长幼皆沐浴，以蔷薇露或沉香油涂擦体面，始着新洁衣服。又以小土炉焚沉檀、俺八儿^③等香，跨其上以熏体。如到礼拜寺礼拜及散经^④过街市，香气顿饭不散。其婚丧之礼悉教门^⑤。

土产乳香，其香乃树脂也。树似榆而叶尖长，斫树取香而卖。中国宝舡到，开读诏书并赏赐劳，王即遣头目遍谕国人，皆以乳香、血竭、芦荟、没药、安息香、苏合油、木别子之类来易纻丝磁器等物。此处气候常如八九月，不热不冷。米、麦、豆、粟、稷、黍、麻、壳及诸蔬菜瓜、茄，牛、马、驴、猫、犬、鸡、鸭皆有。山中亦出驼鸡，土人捕卖之。驼鸡身匾^⑥颈长，足有^⑦二指，其毛如骆驼，行亦如驼状，故以驼鸡名，食米豆等物。其地出

---

① "祖法儿"为 Zufar, Djofar 对音，乃沙特阿拉伯东部一城，面临印度洋，今名 Dhofar。

② "锁纳"亦作"锁呐"或"锁捺"，伯希和以为即波斯语 sūrnāi 或 sūrnā 对音。

③ "俺八儿"，冯承钧云即阿剌璧语 anbar 之对音，犹言龙诞香也。

④ "经"字原本作"径"，据《瀛涯胜览》"祖法儿国"条改正。

⑤ 此句似有脱字，《瀛涯胜览》"祖法儿国"条作"婚丧之礼素遵回回教规而行"，语义教明。

⑥ "匾"字原本作"遍"，据《瀛涯胜览》"祖法儿国"条改。

⑦ "有"字原本作"高"。《瀛涯胜览》"祖法儿国"条纪此云，脚高三四尺，每脚有只二指。本书作"足高二指"，必有脱字，今改"高"为"有"，勉强可通。

骆驼有单峰双峰者，国人皆骑坐，亦杀卖其肉。

　　王以金铸钱，名"倘加"[①]。每钱官秤重二钱，径一寸五分，一面有纹，一面为人形。又以红铜铸小钱径四分零用。王亦遣人赍乳香、驼鸡等物表进中国。

---

① "倘加"为 tanka 对音。当时印度西海岸及阿拉伯若干地方俱曾以"倘加"称金银货币。

阿丹国

　　阿丹国①，自古里国开舡，投正西兑位行，一月可到。其国边海，去山远。王与国人皆奉回回教门，说阿剌必语②。国富民饶，人性强硬，有马步锐兵七八千，邻邦畏之。永乐十九年上命太监李充③正使，赍诏敕往谕旨④。李□到⑤苏门答剌国，令内官周□□□等⑥驾宝舡三只往彼。王闻即率大小头目至海滨迎入，礼甚敬谨。开诏毕仍赐王衣冠。王即谕其国人，凡有宝物俱许出卖。此国买到猫精一块重二钱许，并大颗珍珠各色鸦鹘等石，珊瑚树高二尺者数株，枝柯为珠者五柜，及金珀、蔷薇露、麒麟⑦、狮子、花福鹿⑧、金钱豹、驼鸡、白鸠之类。

　　国王头戴金冠，身服黄袍，腰系宝装金带，至礼拜日，亦以细白番布缠头，上加金锦为顶，身服白袍，坐车列队而行，其头目冠服各有等第。国人男亦缠头，服撒哈喇⑨棱幅，锦绣纻丝细布等衣，足着靴鞋。妇人亦服长衣，肩顶佩珍珠宝石璎珞，如中国所饰观音状。耳带金厢宝环四对，臂缠金宝钏镯，足指亦带环。又用丝嵌手巾盖头，只露其面。

---

① "阿丹"为 Aden 对音，即今亚丁。
② "阿剌必"，《瀛涯胜览》"阿丹国"条作"阿剌壁"，即今阿拉伯。
③ "充"字原本作"克"，应是"充"字之误，因为臆正。
④ "旨"字疑是衍文。
⑤ 原本"李"下"到"上空一字，冯承钧云疑是太监李兴。
⑥ 原本"周"下"等"上空三字。疑"周"即指周兴是言。
⑦ 麒麟即长颈鹿。"麒麟"乃 Somali 语 giri 对音。
⑧ 花福鹿即斑马。"福鹿"即 Somali 语 faro 对音。
⑨ "撒哈喇"，冯承钧以为是马来语 sakelat 对音。义为宽幅毛绒。

凡国人打造金银入细生活，绝胜天下。市肆熟食彩帛书籍诸色物件，铺店并混堂皆有。王用赤金铸钱名"甫噜嚟"[1] 行使，每钱官秤重一钱，底面有纹。又用红铜铸钱名"甫噜斯"[2] 零用。

气候温和如八九月，月日之定无闰月，但以十二月为一年。月之大小但以今夜见新月， 明日即月一也。四季不定，自有阴阳人推算，某日为春首则花草开荣，某日是初秋则木叶凋脱。至于日月交蚀风雨潮信无不准。

人之饮食米面诸品皆以乳酪油糖蜜制造。米麦谷粟麻豆并蔬菜俱有。果有松子、核桃、花红、石榴、桃仁、把丹[3]、干蒲萄、万年枣[4]之类。畜有象、驼、驴、骡、牛、羊、鸡、鸭、犬、猫，只无猪及鹅。其绵羊则白毛无角，于出角处有两黑点，颈下有胡如黄牛，毛短如狗，尾大如盘。及出花福鹿、青花白驼鸡、麒麟、狮子。其福鹿状如骡，白身白面，眉肩起细细青条花缠身及蹄间道如画。青花白驼鸡状与福鹿同。麒麟前足高八九尺余，后足高六尺，扁口长颈，举头高一丈六尺，前仰后俯，不可骑乘，两耳边有短肉角，牛尾鹿身，蹄有三跲，食粟豆面饼。狮子形如虎，黑黄无斑纹，头大口阔，尾有毛黑长如缨，声吼如雷，诸兽望见辄伏不敢动。及产紫檀木、蔷薇露、檐葡[5] 花并无核白蒲萄。

其人居屋皆砌以石，上盖以砖或土。有石砌三层，高四五丈者。

国王感慕圣朝恩德，常修金叶表文，进金厢宝带一条，窟嵌珍珠宝石金冠一顶，并鸦鹘等各宝石蛇角等物进贡。

---

① "甫噜嚟"为波斯语 fuluri 对音。

② "甫噜斯"为阿拉伯语 fulūs 对音。

③ "把丹"，《瀛涯胜览》《西洋朝贡典录》之"阿丹国"条俱作"把担"，波斯语 bādām 对音。把丹即杏，陈诚《西域番国志》"哈烈"条所谓杏子中有名巴旦者是也。

④ "万年枣"他书亦作"波斯枣""海枣"，即 date-palm 也。

⑤ "葡"字原本作"萄"，据《瀛涯胜览》"阿丹国"条改正。

榜葛剌国

榜葛剌国[①]，自苏门答剌国开舡，取帽山[②]并翠蓝岛[③]，投西北上行，好风二十日先到浙地港[④]泊舡，易小舡入港，行五百里，到地名锁纳儿港[⑤]。自此登岸又西南行三十五站，始到榜葛剌国[⑥]。其国有城，王居及大小诸衙门皆在城内。

地广人稠，风俗良善。富家多造舡往番买卖，而佣伎者亦多。国中皆回回人。男妇皆黑，间有一白者。男子剃头，以白布缠裹。身服圆领长衣，自首而入，下围各色阔手巾，足着浅面皮鞋。及头目俱服回回教礼，衣冠甚洁丽。国语名"榜葛俚"[⑦]，自成一家语。说吧儿西话[⑧]者亦有之。王以银铸钱名"倘加"[⑨]，每钱官秤重三钱，官尺径一寸二分，底面有纹。一应

① 即印度东部之 Bengal，今作"孟加拉国"。

② "帽山"原本作"儿山"，据《瀛涯胜览》"榜葛剌国"条改正。

③ "翠蓝岛"即"翠蓝山"。

④ 浙地港即今恒河口之 Chittagong。

⑤ 原本脱"儿"字，据《瀛涯胜览》《星槎胜览》之"榜葛剌国"条补，即今 Sonārgaon。

⑥ 《星槎胜览》"榜葛剌国"条记酋长居处曰"板独哇"，即 Panduah 对音，小即此处之榜葛剌国。《星槎》于其地之城郭居室以及明使至彼进见情形，叙述甚祥，可以参看。唯"星槎"所记自锁纳儿江至板独哇为二十站，而本书及"瀛涯"作三十五站。又"浙地港"《星槎》作"察地港"。《星槎》谓自察地港至锁纳儿江十六站，本书及《瀛涯》作五百里。所志里程互有出入，不知孰是。

⑦ "榜葛俚"即 Bengali 对音。

⑧ 印度称源出波斯而信火祆教之印度人为 Pārsi，此一辈人所操之语言亦称 Pārsi 语，即吧儿西话也。

⑨ 与祖法儿国同。

买卖皆用此钱，街市零使则用海𧴩。海𧴩番名"考嚛"①，论个数交易。冠婚丧祭，皆用回回礼。

气候时常热如夏。出稻谷、芝麻、黍、粟、豆、麦。其稻谷一年二熟，米粒细长，多红者。蔬有姜、芥、葱、蒜、瓜、茄。果有芭蕉、甘蔗、石榴、酸子②、波罗蜜，及砂糖、白糖、糖霜、蜜煎之类。畜有驼、马、驴、骡、水牛、黄牛、山羊、绵羊、猪、犬、鸡、猫、鹅、鸭等畜。酒有米酒、椰子酒、茭葦酒，各有造法。多作烧酒卖。土俗无茶，以槟榔待客。街市一应铺店、混堂、酒饭、甜食皆有。土产五六种细布。一种草布③，番名"泊"④，阔三尺余，长五丈六七尺。此布极细，如中国细笺纸。一种姜黄布⑤，番名"满者提"，阔四尺许，长五丈余。此布细密壮实。一种沙纳巴布⑥，阔五尺，长三丈，如生罗状，即布罗也。一种细白勒搭嚛⑦，阔三尺许，长六丈，布眼希疏匀净，即布纱也。缠头皆用此布。一种炒塌儿⑧，止阔二尺五六寸，长四丈余，如中国好梭布⑨状。一种蓦黑蓦勒⑩，阔四尺许，长⑪二丈余，背⑫面皆起绒头，厚四五分，即兜罗绵也。桑柘蚕丝虽有，止织丝嵌手巾并

---

① "考嚛"即 kauri 对音，说见前"溜山国"条。

② "酸子"即芒果，说见上"苏门答剌国"条。

③ "草布"，《瀛涯胜览》"榜葛剌国"条作"莘布"。

④ "泊"字，冯承钧《瀛涯胜览校注》"榜葛剌国"条据《西洋朝贡典录》"榜葛剌国"条改作"卑泊"。然《岛夷志略》"朋加剌"条有"芯布"，"莘""芯"俱是一布之名，只一单音。"莘""芯""泊"盖为同音异译。加一"卑"字成"卑泊"，以及改"草"成"莘"，疑俱无必要，因仍其旧。

⑤ "黄"字，冯承钧《瀛涯胜览校注》"榜葛剌国"条作"黑"。《纪录汇编》本《瀛涯胜览》"榜葛剌国"条作"姜黄布"，与本书同，《西洋朝贡典录》"榜葛剌国"条作"黄布"。因疑冯本"黑"字偶误。

⑥ 沙纳巴布为波斯语 Sānah-bāf 对音。

⑦ "细白勒搭嚛"，《瀛涯胜览》《西洋朝贡典录》之"榜葛剌国"条作"忻白勤搭黎"。

⑧ "炒塌儿"为 cāwtar 对音。各本"炒"字俱误作"沙"字。

⑨ 《瀛涯胜览》"榜葛剌国"作"好三梭布"。cāwtar 有四线之意，或谓与三梭有关。

⑩ "蓦黑蓦勒"乃为 mahmal 对音，义为绒。

⑪ 原本脱"长"字。据以上文义应有"长"字，因为臆补。

⑫ "背"字原本作"有"，据《瀛涯胜览》"榜葛剌国"条改正。

绢布。一等白纸光滑细腻如鹿皮，亦有是树皮所造。其他漆器、盘碗、镔铁、枪、剪刀等项，皆市卖者。

国法有笞、杖、徒、流等刑。官府有品级印信行移，军有粮饷。管军头目名"吧斯剌儿"[①]。及有阴阳医卜百工伎艺。其衍衍身着挑黑线白布花衫，下围色丝手巾，以各色硝子珠间珊瑚琥珀，穿成璎珞佩于肩顶，又以青红硝子烧成针镯，带于两臂。人家宴饮，皆来动乐，口唱番歌对舞，亦有解数可观。其乐工名"根肖速鲁奈"，每日五更时即到头目或富家门首。一人吹锁纳，一人击鼓，一人打大鼓，皆有拍调，初则慢，后渐紧促而止。又至一家吹打而去。及饭时回至各家，皆与酒饭，或与钱财。诸色把戏皆不甚奇。街市中有一人同妻以锁锁一大虎。每至人家即解索，虎眈眈坐地。其人赤体跳跃，将虎踢打。虎[②]怒，作咆哮势，来扑其人。其人与虎对搏数次，既又以臂探入虎口至喉，虎不敢食。戏讫锁虎，虎伏地讨食。人家以肉啖虎，并以钱物与其人而去。月日之定亦以十二月为一年，无闰月。

王亦遣人驾舡往邻邦买办珍珠宝石进贡。

---

① 冯承钧谓波斯语队主名 Sipāh-Sālār 。"吧斯剌儿"若为其译名，应脱首一字。

② "虎"字原本无，据上下文及《瀛涯胜览》"榜葛剌国"条俱应有"虎"字，因为臆补。

忽鲁谟厮国

忽鲁谟厮国[①]，自古里国开舡，投西北行，好风二十五日可到。其国边海倚山，各处番舡并陆路诸番皆到此赶集买卖，所以国民皆富。王及国人皆奉回回教门，每日五次礼拜，沐浴持[②]斋，为礼甚谨。其风俗淳朴温厚，遇一家遭难致贫，众皆助以衣粮钱财，所以国无贫苦之家。其人状貌魁伟，衣冠济楚，婚丧之礼悉依教规无违。如娶妻先用媒妁通言，既允许，然后男家置酒请加的[③]。加的者掌教门规矩之官也。及请主婚并媒人亲族长者，两家各通三代乡贯来历，写立婚书，乃择日成婚，否则官法以奸论。死者用极细白布，为大殓小殓之衣[④]，以瓶水浇尸，自首至足凡三，乃以麝香片脑填尸口鼻，始服[⑤]殓衣，即棺盛贮造坟，舁至葬所。其坟皆砌一石穴，底铺净沙五六寸，及葬则去棺取尸沙上，以石板盖之，上聚土为冢。

人食饮务以酥油和饭。其市店出卖烧羊、烧鸡、烧肉、薄饼、哈里撒[⑥]一应面食。三四口之家多不举火，只买熟食。

---

① "忽鲁谟厮"为 Ormuz, Hormus 对音，今为一岛城，属于伊朗。位于波斯湾与奥曼湾之间忽鲁谟厮海峡之北。自印度洋进入波斯湾以达巴格达诸大城，此为必经之地。城于十四世纪初由边海迁至岛上。

② "持"字原本空缺，今以臆补入。

③ "加的"为 kadi 的对音。

④ "衣"字原本误作"小"，兹据《瀛涯胜览》"忽鲁谟厮国"条改正。

⑤ 原本无"服"字，据《瀛涯胜览》"忽鲁谟厮国"条补。

⑥ "哈里撒"，《瀛涯胜览》"忽鲁谟斯国"条作"哈喇澈"，不知为何物。

　　王以银铸钱名"底那儿"①，径官②寸六分，面底有纹，官秤重四分，通行使用。书记皆回回字。诸色铺店皆有，只无酒馆，国法饮酒者弃市。文武医卜绝胜他处，各色伎艺皆有。常见人立一木长丈许，上平。有一白色小羖羊③，其人拍手诵说，羊即跳舞而来，搭木而上为舞态，如是者凡五六段。其人推断所立之木，以手接羊令卧地作死，羊即卧地。令舒前脚则舒前脚，令舒后脚则舒后脚④。又有牵一大黑猴者演习诸艺毕，乃以手巾蒙其面，密令一人打之。及解缚即于稠人中取原打之人。

　　其处气候寒暑⑤，春则开花，秋则落叶，有霜无雪，雨少露多。有一大山出四种物。一面出红盐，其坚如石，以铁凿取之，有三四斤为块者。此盐下湿卤擂末用之。一面出红土，其色如银朱⑥。一面出白土，其色若石灰。一面出黄土，其色如姜黄。国王皆令人看守，卖与诸番用。

　　土产米麦不多，各处贩来，为价亦贱。果有核桃、松子、葡萄干、石榴、花红、桃干、把丹、万年枣。蔬有葱、韭、薤、蒜、萝卜、菜瓜、西瓜、甜瓜。其胡萝卜色红大如藕。甜瓜犹大，有高二尺者。核桃色白壳薄，可以手碎。松子长寸许。葡萄干有三四种，一种如枣干紫色，一种如莲子大，无核结白霜，一种仅如豆，颇白。石榴大如茶钟。花红大如拳，香美。把丹如核桃，尖长匾黄色，内仁味胜核桃。万年枣亦有三种。一种番名垛沙布⑦，大如拇指，核小结霜如沙糖甘，难食。一种捼成块重二三十斤，味如好柿干，

① "底那儿"原本作"那底儿"，《瀛涯胜览》《西洋朝贡典录》之"忽鲁谟厮国"条全同，只《胜朝遗事》本《瀛涯胜览》作"底那儿"。"那底儿"自为"底那儿"之误，因为改正。

② "官"字原本脱，据《瀛涯胜览》"忽鲁谟厮国"条补。

③ "羖羊"，《瀛涯胜览》"忽鲁谟厮国"条作"羝羊"，《胜朝遗事》本《瀛涯胜览》作"山羊"。羖羊即山羊，羝羊为牡羊。似仍以本书作"羖羊"为是。

④ 原本脱去"则舒后脚"四字。《瀛涯胜览》"忽鲁谟厮国"条作"令舒后脚则舒后"，故本书"令舒后脚"下定有脱文，因依上文，补入四字。

⑤ 《胜朝遗事》本《瀛涯胜览》"忽鲁谟厮国"条此句作"其处四时气候皆如中国"。

⑥ "朱"字原本误作"珠"，今为改正。

⑦ 或谓"垛沙布"即波斯语 dūshāb 对音，义为葡萄枣子糖浆。

岁收堆积喂马。及有软枣一种如南枣干味涩，土人以喂牲口。

其处诸番宝物皆有。如红鸦鹘、刺石①、祖把碧②、祖母绿③、猫睛、金刚钻，大颗珍珠若龙眼重一钱二三分者，珊瑚树株并枝梗、大块金珀并珀珠、神珀、蜡珀，黑珀番名"撒白"④，值钱各色美玉器皿。十样锦剪绒花单，其绒起一分，长二丈，阔一丈。各色梭幅、撒哈喇、氆罗纱、各番青红丝嵌手巾等货皆有。

驼、马、驴、骡、牛、羊至广。其羊有四种。一种大尾绵羊重七八十斤，其尾重二十余斤，阔尺余，拖地。一种狗尾羊，壮如山羊，尾长二尺余。一种斗羊，高二尺七八寸，前半身毛长拖地，后半身皆剪。其头颇如绵羊，角弯转向前，挂小铁牌，行则有声。此羊善斗，好事者养之，以为博戏⑤。又有兽名"草上飞"，番名"昔雅锅失"⑥，似猫而大，身玳瑁斑，两耳尖黑，性纯不恶。若狮豹等猛兽见之皆伏于地，乃百兽之王也。

国王修金叶表文遣使随宝舡以麒麟、狮子、珍珠、宝石进贡中国。

① "刺石"为波斯语 lal 对音，指 balas ruby 而言，为一种玫瑰色宝石。

② "祖把碧"为 dsobab, dhubāb 的对音，一种苍绿色宝名。

③ "祖母绿"为 zmerud, samurod 对音，又称绿宝石。

④ "撒白"即波斯语 Šāh-boī 或 Šāhboī 对音，义为琥珀。各本于"值"字下脱去"钱"字，于是议论纷纷，得本书可释其疑。

⑤ "戏"字原本作"望"。"博望"二字不解。《瀛涯胜览》"忽鲁谟斯国"条作"赌钱物为戏"，《西洋朝贡典录》"忽鲁谟斯国"条作"以博钱物"。则此"望"字可能为"戏"字之误，因为改正。

⑥ "昔雅锅失"为波斯语 siyāhgōš 对音，义为黑耳。

天方国

天方国，即默加国[①]也。自古里国开舡望西南申位行三月始到其国，地名"秩沓"[②]，有大头目守之。自秩沓往西行一日到王城。彼人云，昔者西方圣人始于此处阐扬回回教法，至今国人悉遵教门规矩。其国人体貌壮伟，紫堂色。男子缠头长衣浅鞋，妇人盖头，卒不能见其面。话说阿剌必言语。国法禁酒。风俗和美，人少犯法，无贫难之家。其婚丧礼皆回回教门。

再行半日到天堂礼拜寺，堂番名[③]"恺阿白"[④]，其周如城。有四百六十六门，两傍以白玉石为柱，共四百六十七柱。其在前者九十九，后一百单一，左一百三十二，右一百三十五。堂制如此。皆以五色石辏为方而顶平，内以沉香木为梁，以黄金为承漏。墙壁皆蔷薇露、龙涎香和土为之，上用皂纻丝为罩，畜二黑狮子守堂门。每年十二月十日，诸番回回行一二年远路者到寺礼拜。及去，往往割皂盖少许为记。剜割既尽，王复易以新罩，岁以为常。堂近有司马仪[⑤]圣人之墓在焉。其坟冢用绿撒不泥[⑥]宝石为之，长一丈二尺，高三尺，阔五尺。四围墙垣皆以泔黄玉砌垒，高五六尺余。墙内四隅造四塔，每礼拜即登塔叫礼。左右两傍有各祖师传法

① "默加"为 Mecca 对音，位于红海东岸，今属沙特阿拉伯。
② "秩沓"原本作"央沓"，此即阿拉伯 Jidda 一地的对音。《国朝典故》本《瀛涯胜览》"天方国"条记此地作"秩踏""秩达"，因据改"央"字为"秩"字。
③ "堂番名"，原本作"番名堂"。《瀛涯胜览》"天方国"条作"其堂番名恺阿白"，则本书"番名堂"必为"堂番名"误倒，因为改正。
④ "恺阿白"为 ka'aba 对音。
⑤ "司马仪"为 Ismaël 对音。
⑥ "撒不泥"为 sabūnī 对音，一种肥皂绿玉石。

之堂，其堂亦以石砌造，皆极华丽。

其处气候常热如炎夏，并无雨电霜雪。夜露甚重，置碗露中，及旦可得水三分。凡草皆露滋养。土产米谷少，皆种粟麦及黑黍。有瓜菜。其西瓜、甜瓜有以二人舁者。果有葡萄、万年枣，并石榴、花红、梨、桃，皆有大种四五斤者。亦有似棉花树，如中国大桑树，高一二丈，其花一年二收。牲畜有驼、马、驴、骡、牛、羊、猫、犬、鸡、鹅、鸭、鸽。其鸡鸭有重十斤以上者。土产蔷薇露、俺八儿香①，麒麟、狮子、驼鸡、羚羊，并各色宝石②、珍珠、珊瑚、琥珀等宝。王以赤金铸钱名"倘加"行使，每钱官寸径七分，官秤重一钱。其金比中国足十二成。

又往西行一日到一城，番名"蓦底纳"③。城中马哈麻④圣人陵寝在焉。至今墓上发毫光，日夜侵云而起。墓后有井，番名"阿必糁糁"⑤，味清甘。番人往往取水置舡中，遇风飓作，以水洒之，风浪顿息。

宣德五年，钦奉朝命开诏，遍谕西海诸番，太监洪保⑥分艅到古里国。适默伽国有使人来，因择通事等七人同往，去回一年。买到各色奇货异宝及麒麟、狮子、驼鸡等物，并画天堂图回京奏之。其国王亦采方物，遣使随七人者⑦进贡中国。

---

① 俺八儿香即龙涎香，见上"祖法儿国"条。

② 原本脱去"石"字，据《瀛涯胜览》"天方国"条补。

③ "蓦底纳"为 Medina 对音。唯此处所记方向行程俱有错误，自默加至蓦底纳为向北行，商队行约十日。

④ "马哈麻"为 Mohammed 对音，今作"穆罕默德"。

⑤ "阿必糁糁"，据荷兰戴闻达云，即波斯语 āb-i zamzam 对音，义为糁糁水，或名圣水。然糁糁井在默加，不在蓦底纳也。

⑥ 原本"保"下空一字。

⑦ 原本无"随"字，只作"遣使七人者"云云。《瀛涯胜览》"天方国"条作"其默伽国王亦遣使臣将方物跟同原去通事七人献赍于朝廷"。《西洋朝贡典录》"天方国"条作"其天方国王亦遣其臣沙瓛等将方物随七人来朝贡"。是天方国遣华使盖随七通事而来也。故原本"遣使七人者"一句，"遣使"下"七人者"上当脱一"随"字，有此始与诸书所记合。因为臆补一"随"字。

附录一

一　巩珍《西洋番国志》一卷[①]

永乐初，敕遣中外重臣循西海诸国。宣宗嗣位，复命正使太监郑和、王景弘等往海外，遍谕诸番。时金陵巩珍从事总制之幕，往还三年，所至番邦二十余处。在处询访，纪录无遗，宣德九年编次成集。予观其叙事详核，行文瞻雅，非若《星槎胜览》等书之影略成编者。盖三保下西洋委巷流传甚广，内府之剧戏，看场之平话，子虚亡是，皆俗语流为丹青耳。今夷考之，此册首载永乐十八年十二月初十日敕"太监杨庆往西洋公干"。永乐十九年十月十六日敕"内官郑和、孔和卜花、唐观保，今遣内官洪保等送各番国使臣回还，合用赏赐，即照依坐去数目关给与之"。宣德五年五月初四日敕"南京守备太监杨庆、罗智、唐观保，大使袁诚，今命太监郑和往西洋公干，大小海舡，该关领原交南京入库各衙门一应正钱粮并赏赐，并原下西洋官员买到物件及随舡合用等物，敕至即照数放支与太监郑和、王景弘、李兴、朱良、杨真，右少监洪保等关领前去应用"。详观前后敕书，下西洋似非郑和一人，郑和往返亦非一次。惜乎国初事迹纪载阙如，茫无援据，

① 见钱曾《读书敏求记·史地舆图》。

徒令人兴放失旧闻之叹而已。

二 《西洋番国志》提要 [①] 无卷数,浙江巡抚采进本。

明巩珍撰。珍应天人,其仕履始末未详。永乐中,敕遣太监郑和等出使西洋。宣宗嗣位,复命和及王景弘等往海外遍谕诸番。时珍从事总制之幕,往还三年,所历诸番曰占城、曰爪哇、曰暹罗、曰旧港、曰哑噜、曰满剌加、曰苏门答剌、曰那姑儿、曰黎代、曰喃勃里、曰溜山、曰榜葛剌、曰锡兰山、曰小葛兰、曰柯枝、曰古里、曰祖法儿、曰忽鲁谟厮、曰阿丹、曰天方,凡二十国。于其风土人物,询诸通事,转译汉语,靦缕毕记。至宣德九年编成。所记与《明史·外国传》大概相同,疑史采用此书也。

三 《西洋番国志》跋 [②]

作者随三保太监下西洋,纪所亲见,乃卒伍中解文者,叙次了了,胜于元汪焕章《岛夷志略》。《明史·外国传》多采之。

---

① 见《四库全书总目提要》卷七十八,史部地理类存目七。
② 见彭元瑞《知圣道斋读书跋尾》卷一。

附录二

一　李至刚撰郑和父《马哈只墓志铭》①

故马公墓志铭

公字哈只，姓马氏，世为云南昆阳州人。祖拜颜，妣马氏。父哈只，母温氏。公生而魁岸奇伟，风裁凛凛可畏，不肯枉己附人。人有过，辄面斥无隐。性尤好善，遇贫困及鳏寡无依者恒保护赒给，未尝有倦容，以故乡党靡不称公为长者。娶温氏，有妇德。子男二人，长文铭，次和，女四人。和自幼有材志，事今天子，赐姓郑，为内官监太监。公勤明敏，谦恭谨密，不避劳勚，缙绅咸称誉焉。呜呼，观其子而公之积累于平日，与义方之训可见矣。公生于甲申年十二月初九日，卒于洪武壬戌七月初三日，享年三十九岁。长子文铭奉枢安厝于宝山乡和代村之原，礼也。铭曰：

身处乎边陲而服礼义之习，分安乎庶民而存惠泽之施，宜其余庆深长，而有子光显于当时也！

时永乐三年端阳日资善大夫礼部尚书兼左春坊大学士李至刚撰。

附碑阴郑和题记

---

① 原石今存云南昆阳城外。

马氏第二子太监郑和,奉命于永乐九年十一月二十二日到于祖宗坟茔,祭扫追荐。至闰十二月吉日回还记耳。

二 郑和在锡兰所立碑[①]

大明皇帝遣太监郑和、王贵通等昭告于佛世尊曰:仰惟慈尊,圆明广大,道臻玄妙,法济群伦。历劫河沙,悉归弘化,能仁慧力,妙应无方。惟锡兰山介乎海南,言言梵刹,灵感翕彰。比者遣使诏谕诸番,海道之开,深赖慈佑,人舟安利,来往无虞,永惟大德,礼用报施。谨以金银织金纻丝宝幡、香炉、花瓶、纻丝表里、灯烛等物,布施佛寺,以充供养。惟世尊鉴之。总计布施锡兰山立佛等寺供养:金壹仟钱、银伍仟钱、各色纻丝伍拾匹、各色绢伍拾匹、织金纻丝宝幡肆对内红贰对黄壹对青壹对、古铜香炉伍对、戗金座全古铜花瓶伍对、戗金座全黄铜烛台伍对、戗金座全黄铜灯盏伍个、戗金座全朱红漆戗金香盒伍个、金莲花陆对、香油贰仟伍佰觔、蜡烛壹拾对、檀香壹拾炷。

时永乐七年岁次己丑二月甲戌朔日谨施。

三 永乐十五年郑和于泉州
《回教先贤冢行香石刻》[②]

钦差总兵太监郑和前往西洋忽鲁谟厮等国公干,永乐十五年五月十六日于此行香,望灵圣庇佑。镇抚蒲和日记立。

① 原石今移置锡兰可伦坡博物馆。

② 原石今存泉州。

四　娄东刘家港《天妃宫石刻通番事迹记》①

娄东刘家港天妃宫石刻通番事迹记

明宣德六年岁次辛亥春朔正使太监郑和、王景弘，副使太监朱良、周满、洪保、杨真，左少监张达等立。其辞曰：

敕封护国庇民妙灵昭应弘仁普济天妃之神，威灵布于巨海，功德著于太常，尚矣。和等自永乐初奉使诸番，今经七次，每统领官兵数万人，海船百余艘。自太仓开洋，由占城国、暹罗国、爪哇国、柯枝国、古里国，抵于西域忽鲁谟斯等三十②余国，涉沧溟十万余里。观夫鲸波接天，浩浩无涯，或烟雾之溟濛，或风浪之崔嵬。海洋之状，变态无时，而我之云帆高张，昼夜星驰，非仗神功，曷能康济。直有险阻，一称神号，感应如响，即有神灯烛于帆樯。灵光一临，则变险为夷，舟师恬然，咸保无虞。此神功之大概也。及临外邦，其蛮王之梗化不恭者生擒之，寇兵之肆暴掠者殄灭之，海道由而清宁，番人赖之以安业，皆神之助也。

神之功绩，昔尝奏请于朝廷，宫于南京龙江之上，永传祀事，钦承御制记文，以彰灵贶，褒美至矣，然神之灵无往不在。若刘家港之行宫，创造有年，每至于斯，即为葺理。宣德五年冬复奉使诸番国，舣舟祠下，官军人等瞻礼勤诚，祀享络绎。神之殿堂益加修饰，弘胜旧规。复重建岠山小姐之神祠于宫之后，殿堂神像，粲然一新。官校军民咸乐趋事，自有不容已者。非神之功德感于人心而致乎！是用勒文于石，并记诸番往回之岁月，昭示永久焉。

永乐三年统领舟师往古里等国。时海寇陈祖义等聚众于三佛齐国抄掠番商，生擒厥魁。至五年回还。

永乐五年统领舟师往爪哇、古里、柯枝、暹罗等国，其国王各以方物

① 原石佚，文见钱谷《吴都文粹续集》卷二十八《道观》。
② “十”原作“千”，今正。

珍禽兽贡献。至七年回还。

永乐七年统领舟师往前各国，道经锡兰山国，其王亚烈苦①奈儿负固不恭，谋害舟师，赖神灵显应知觉，遂擒其王，至九年归献，寻蒙恩宥，俾复归国。

永乐十二年统领舟师往忽鲁谟斯等国。其苏门答剌国伪王苏干剌寇侵本国，其王遣使赴阙陈诉请救，就率官兵剿捕，神功默助，遂生擒伪王，至十三年归献。是年满剌加国王亲率妻子朝贡。

永乐十五年统领舟师往西域。其忽鲁谟斯国进狮子、金钱豹、西马；阿丹国进麒麟，番名祖剌法，并长角马哈兽；木骨都束国进花福鹿并狮子；卜剌哇国进千里骆驼并驼鸡；爪哇国、古里国进縻里羔兽。各进方物，皆古所未闻者。及遣王男王弟捧金叶表文朝贡。

永乐十九年统领舟师遣忽鲁谟斯等各国使臣久侍京师者，悉还本国。其各国王贡献方物，视前益加。

宣德五年，仍往诸番开诏，舟师泊于祠下。思昔数次皆仗神明护助之功，于是勒文于石。

五 长乐南山寺《天妃之神灵应记》②

天妃之神灵应记③

皇明混一海宇，超三代而轶汉唐，际天极地，罔不臣妾。其西域之西，迤北之国，固远矣。而程途可计，若海外诸番，实为遐壤，皆捧珍执贽，重译来朝。皇上嘉其忠诚，命和等统率官校旗军数万人，乘巨舶百余艘，

---

① "苦"原作"若"，今正。

② 原石在福建长乐县。

③ 篆额作"天妃灵应之记"。

赍币往赍之。所以宣德化而柔远人也。自永乐三年奉使西洋，迨今七次，所历番国：由占城国、爪哇国、三佛齐国、暹罗国，直逾南天竺锡兰山国、古里国、柯枝国，抵于西域忽鲁谟斯国、阿丹国、木骨都束国，大小凡三十余国，涉沧溟十万余里。观夫海洋洪涛接天，巨浪如山，视诸夷域，迥隔于烟雾缥缈之间。而我之云帆高张，昼夜星驰，涉彼狂澜，若履通衢者，诚荷朝廷威福之致，尤赖天妃之神护佑之德也。神之灵固尝著于昔时，而盛显于当代。溟渤之间，或遇风涛，既有神灯烛于帆樯，灵光一临，则变险为夷，虽在颠连，亦保无虞。及临外邦，番王之不恭者生擒之，蛮寇之侵略者剿灭之。由是海道清宁，番人仰赖者，皆神之赐也。

神之感应未易殚举。昔尝奏请于朝，纪德太常，建宫于南京龙江之上，永传祀典，钦蒙御制记文以彰灵贶，褒美至矣。然神之灵无往不在。若长乐南山之行宫，余由舟师屡驻于斯，伺风开洋。乃于永乐十年奏建以为官军祈报之所，既严且整。右有南山塔寺，历岁久深，荒凉颓圮，每就修葺，数载之间，殿堂禅室，弘胜旧规。今年春仍往诸番，蚁①舟兹港，复修佛宇神宫，益加华美。而又发心施财，鼎建三清宝殿一所于宫之左，雕妆圣像，粲然一新，钟鼓供仪，靡不俱备。佥谓如是，庶足以尽恭事天地神明之心。众愿如斯，咸乐趋事，殿庑宏丽，不日成之，画栋连云，如翚如翼。且有青松翠竹，掩映左右，神安人悦，诚胜境也。斯土斯民，岂不咸臻福利哉！人能竭忠以事君，则事无不立，尽诚以事神，则祷无不应。和等上荷圣君宠命之隆，下致远夷敬信之厚，统舟师之众，掌钱帛之多，夙夜拳拳，唯恐弗逮，敢不竭忠于国事，尽诚于神明乎！师旅之安宁，往回之康济者，乌可不知所自乎？是用著神之德于石，并记诸番往回之岁月，以贻永久焉。

一永乐三年统领舟师至古里等国。时海寇陈祖义聚众三佛齐国，劫掠番商，亦来犯我舟师，即有神兵阴助，一鼓而殄灭之。至五年回。

一永乐五年统领舟师往爪哇、古里、柯枝、暹罗等国，番王各以珍宝

---

① "蚁"应作"舣"。

珍禽异兽贡献。至七年回还。

一永乐七年统领舟师往前各国，道经锡兰山国，其王亚烈苦奈儿负固不恭，谋害舟师，赖神显应知觉，遂生擒其王，至九年归献。寻蒙恩宥，俾归本国。

一永乐十一年统领舟师往忽鲁谟斯等国。其苏门答剌国有伪王苏斡剌寇侵本国，其王宰奴里阿比丁遣使赴阙陈诉，就率官兵剿捕。赖神默助，生擒伪王，至十三年回献。是年满剌加国王亲率妻子朝贡。

一永乐十五年统领舟师往西域。其忽鲁谟斯国进狮子、金钱豹、大西马。阿丹国进麒麟，番名祖剌法，并长角马哈兽。木骨都束国进花福鹿并狮子。卜剌哇国进千里骆驼并驼鸡。爪哇、古里国进縻里羔兽。若乃藏山隐海之灵物，沉沙栖陆之伟宝，莫不争先呈献。或遣王男，或遣王叔王弟，赍捧金叶表文朝贡。

一永乐十九年统领舟师，遣忽鲁谟斯等国使臣久侍京师者悉还本国。其各国王益修职贡，视前有加。

一宣德六年仍统舟师往诸番国，开读赏赐，驻舶兹港，等候朔风开洋。思昔数次皆仗神明助佑之功，如是勒记于石。

宣德六年岁次辛亥仲冬吉日正使太监郑和、王景弘，副使太监李兴、朱良、周满、洪保、杨真、张达、吴忠，都指挥朱真、王衡等立。正一住持杨一初稽首请立石。

六 祝允明《前闻记·下西洋》①

下西洋

永乐中遣官军下西洋者屡，当时使人有著《瀛涯一②览》《星槎胜览》二书以记异闻矣。今得宣德中一事，漫记其概。

题本③

人数

官校、旗军、火长、舵工、班碇手、通事、办事、书算手、医士、铁锚木舱搭材等匠、水手、民稍人等，共二万七千五百五十员名。

里程

宣德五年闰十二月六日龙湾开舡　十日到徐山④　二十日出附子门二十一日到刘家门　六年二月二十六日到长乐港　十一月十二日到福斗山十二月九日出五虎门⑤　二十四日到占城　七年正月十一日开舡⑥　二月六日到爪哇⑦　六月十六日开舡⑧　二十七日到旧港　七月一日开舡⑨　八日到满刺加　八月八日开舡⑩　十八日到苏门答刺　十月十日开舡⑪　十一月六日到锡兰

---

① 文见《纪录汇编》卷二百二。

② "一"字应是"胜"字之讹。

③ 文多不录（此起俱是原注）。

④ 打围。

⑤ 行十六日。

⑥ 行二十五日。

⑦ 斯鲁马益。

⑧ 行十一日。

⑨ 行七日。

⑩ 行十日。

⑪ 行三十六日。

山^① 十日开舡^② 十八日到古里国 二十二日开船^③ 十二月二十六日到忽鲁谟斯^④ 八年二月十八日开船回洋^⑤ 三月十一日到古里 二十日大䑸船回洋^⑥ 四月六日到苏门答剌 十二日开船^⑦ 二十日到满剌加 五月十日回到昆仑洋 二十三日到赤坎 二十六到占城 六月一日开舡^⑧ 三日到外罗山 九日见南澳山 十日晚望见望郎回山 六月十四日到崎头洋 十五日到碗碟屿 二十日过大小赤 二十一日进太仓^⑨ 七月六日到京 二十一日关赐奖衣宝钞。

船号

如清和、惠康、长宁、安济、清远之类。又有数序一二等号。

船名

大八橹二八橹之类。

---

① 别罗里。

② 行九日。

③ 行三十五日。

④ 原作"鲁乙忽谟斯",乃书写时"忽""鲁"二字误倒,为之乙正,书手不知将"乙"字插入,遂成"鲁乙忽谟斯"。今为改正(以下为原注)。

⑤ 行二十三日。

⑥ 行十七日。

⑦ 行九日。

⑧ 行二日。

⑨ 后程不录。

附录三

《星槎胜览》《瀛涯胜览》《西洋番国志》三书篇目对照表

星槎胜览	瀛涯胜览	西洋番国志	今地
占城国	占城国 1	占城国 1	Campa
宾童龙国			Panduranga, Phanrang
灵山			Cape Varella
昆仑山			Pulo Condore
交栏山			Gelam Is.
暹罗国	暹罗国 4	暹罗国 4	Siam
爪哇国	爪哇国 2	爪哇国 2	Java
旧港	旧港国 3	旧港国 3	Palembang
满剌加国	满剌加国 5	满剌加国 5	Malacca
九洲山			Pulo Sembilan
苏门答剌国	苏门答剌国 7	苏门答剌国 7	Samudra
花面国	那孤儿国 8	那姑儿 8	Battak
龙牙犀角			Lenkasuka
龙涎屿			Bras Is.
翠蓝屿			Nicobar Is.
锡兰山国	锡兰国 11	锡兰国 11	Silan, Ceylon
小唄喃国	小葛兰国 12	小葛兰国 12	Kulam, Quilon
柯枝国	柯枝国 13	柯枝国 13	Cochin
古里国	古里国 14	古里国 14	Calicut
忽鲁谟斯国	忽鲁谟斯国 19	忽鲁谟斯国 19	Ormuz, Hormuz

星槎胜览	瀛涯胜览	西洋番国志	今地
剌撒国			al-Ahsa(?)
榜葛剌国	榜葛剌国 18	榜葛剌国 18	Bangala, Bengal
真腊国			Camboja
东西竺			Pulo Aor
淡洋			Tamiang
龙牙门			Governador Strait
龙牙菩提			Langkawi
吉里地闷			Gili Timor
彭坑国			Pahang
琉球国			
三岛			
麻逸国			Mait, Mindoro
假里马打国			Karimata
重迦逻			Jangala, Surabaya
渤泥国			Brunei, Borneo
苏禄国			Solot, Sulu
大唄喃国			
阿丹国	阿丹国 17	阿丹国 17	Aden
佐法儿国	祖法儿国 16	祖法儿国 16	Zufar, Zafar, Dhofar
竹步国			Jubb, Jobo
木骨都束国			Mogadiso, Mogedoxu
溜洋国	溜山国 15	溜山国 15	Maldives Is.
卜剌哇国			Brawa
天方国	天方国 20	天方国 20	Mecca
阿鲁国	哑鲁国 6	哑噜国 6	Harwa, Aru
	黎代国 9	黎代 9	Litai
	南浡里国 10	南浡里国 10	Lambri

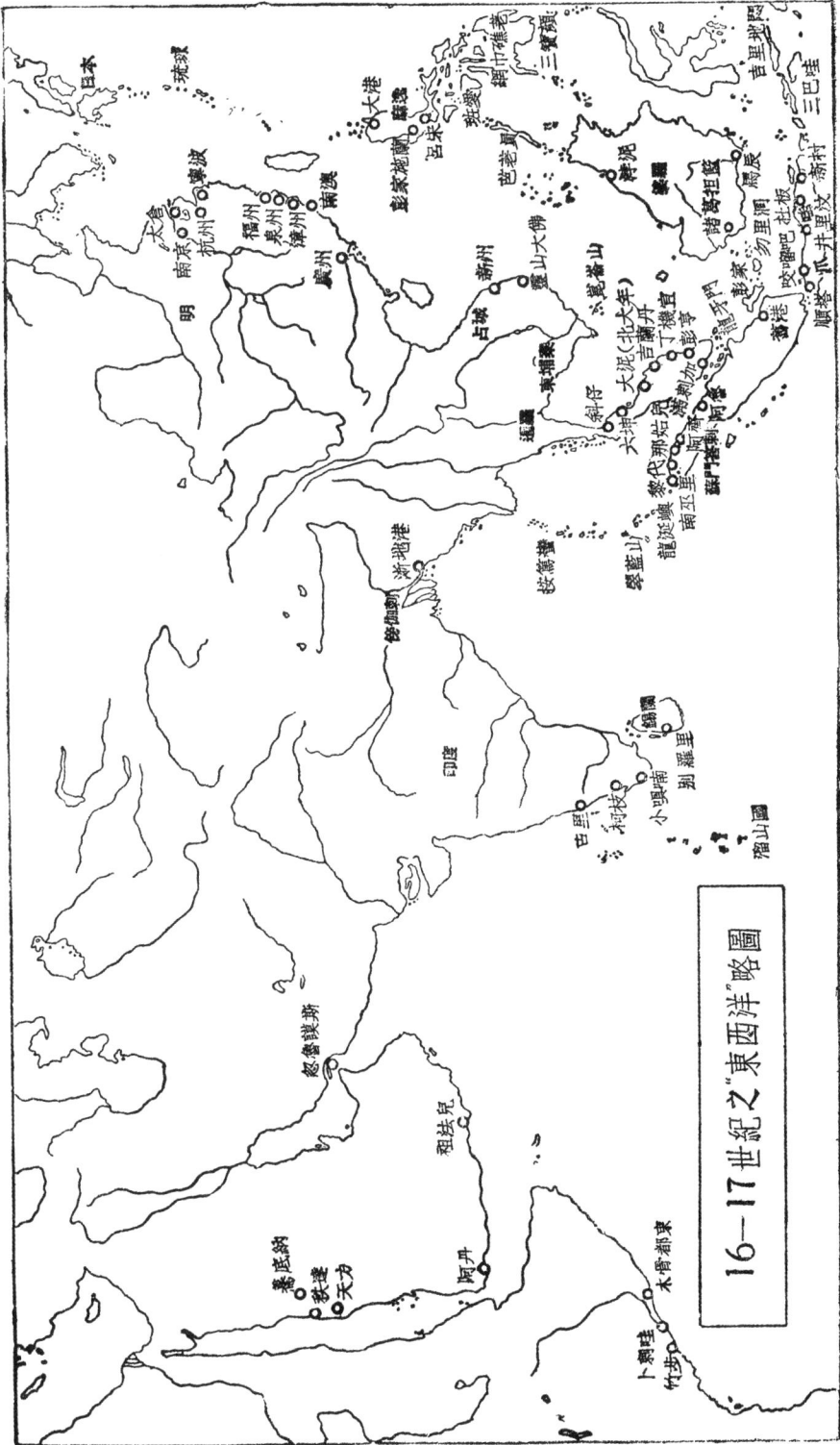

16～17世纪之"东西洋"略图

日本　琉球

大港　苏禄　三宝颜　三块石　吉里地闷

南澳　漳州　泉州　福州　杭州　南京　大仓

万老高

彭家烟屿　吕宋

苏禄　班爱　苏禄

文郎马神

旧港　淡目

津泊　麻喏

哑鲁　南巫里

阿鲁　满剌加　彭亨

苏门答剌

黎代　那孤儿　大泥　吉兰丹　丁机宜　彭享

斜仔　龙延屿

南巫里

斗门　苏门答剌　阿鲁

蓬盖山

明

台湾　东埔寨

连逻

柬埔寨

暹罗国

苏禄

锡兰

小哭喃

别罗里

溜山国

古里　柯枝　别罗里

忽鲁谟斯

祖法兒

印度

木骨都束

卜剌哇

竹步

天方

默伽

麦地纳

阿丹

木骨都束

卜剌哇　竹步